【完全版】損せず売れる！

不動産売却

パーフェクトガイド

不動産売却アドバイザー
山中英紀

知道出版

はじめに

家を売りたい、そんな時にふと思うのは「誰に相談すればいいのだろう？」ではないでしょうか？

身の回りで家を売った話をしている人はなかなかいません。

なぜなら、家は一度買ってしまうと、ずっとその家で暮らし続けるのが普通だからです。

また、「家は買うより売るほうが難しい」とも言われています。

初めての家の売却は、価格の設定やどの不動産業者に頼むべきかなど、売却の流れ自体がわからないから頭を悩ますことになるのです。大切な家を手放す際、失敗したくない、売却を成功させたいという気持ちは誰もが持っているはずです。

しかし、不動産業者についてのイメージや情報は多種多様です。残念ながら、悪評を耳にすることも多いので、不安に思うことは仕方のないことかもしれません。

でも、ご安心ください！

そんなあなたの不安を取り除くために、業界のプロである私が、心を込めて書き上げました。本書では、売却で失敗しないためのオススメの方法をご紹介しています。

私は、不動産業界の悪習を一掃して、誰もが安心して不動産取引ができる世の中にしたい。不動産を通じて日本全国に笑顔を届けたいという願望があります。

そのため、ＹｏｕＴｕｂｅ「不動産売却チャンネル」を開設し、日本全国の方々が不動産売却で成功できるように情報を発信しております（チャンネル登録者数3・5万人、'23年9月現在）。動画だけでは伝えきれない内容を知っていただきたいという想いから、本書『【完全版】損せず売れる！　不動産売却パーフェクトガイド』を出版いたしました。

初めての不動産売却でも成功できるように、売主目線で売却サポートを行っている私のノウハウを詰め込んだとても有用な一冊です。

不動産売却をまったく知らない方にも、売却のはじめの一歩から不動産業界の裏側まで、あらゆる側面について詳しく解説しております。

この書籍を通じて、皆様が不動産売却に関する専門知識を習得し、満足できる売却のご成功を心から願っております。

著者

【完全版】損せず売れる！　不動産売却パーフェクトガイド　目次

目次

第4章 売る前にリフォームするな！

目次

第1章

不動産売却はじめの一歩

❶ 不動産売却の流れ

不動産の売却は、大きな金額が動くこともあり、初めて取り組む方にとっては不安を感じるものです。

そこで、まずは不動産売却の流れを知り、全体像をなんとなく理解しておきましょう。

これが売却を成功させるための秘訣です。流れを知ることで、スムーズな売却ができ、トラブルを避けることもできます。

【不動産売却の流れ】

①家の相場価格を調べる
②不動産会社に家の査定をしてもらう
③不動産会社に売却を依頼する
④家を売り出す
⑤買う人が見つかったら契約を結ぶ
⑥お金を貰って家を引き渡す

このように、不動産の売却には基本的には6つのステップがあります。

そんなに難しくはないのですが、初めての方にとっては、専門用語や手続きについての理解が必要になるので、難しく感じるかもしれません。そこで、それぞれのステップで、売主であるあなたがやることを、手短に要領よく解説していきます。

①家の相場価格を調べる

不動産市場は常に変動しています。

ですから、自分の売却したい家が、今どのくらいの価格なのかを知っておくことが必要です。相場を知ることは、売却するうえでとても大切なポイントになります。

適正な価格を把握しておくと、買い手側との交渉の際にも、価格の妥当性を主張することができます。相場の調べ方については後の章で詳しく解説します。

②家の査定をしてもらう

売りたい家の相場価格を調べて把握できたら、不動産会社に査定を依頼しましょう。

このステップにおいて重要なのは、どの不動産会社に査定依頼するかということです。

もし、信頼できる不動産会社を知っているのであれば、査定依頼するのはその1社だけで良いでしょう。もし、そういった不動産会社がない場合は、複数の会社に査定依頼するようにしてください。

複数の会社を比較検討することで、より良い条件、より良い対応の不動産会社を見つけやすくなります。

③売却を依頼する

家を売る時は、不動産会社に依頼して、買い手を探してもらうという方法が一般的です。この時、どこの不動産会社に頼むかで、売れ行きが大きく変わってきます。ですから会社選びは非常に重要なポイントになります。慎重に選びましょう。

④家を売り出す

不動産会社があなたの家の販売を開始します。

この時、いくらで売り出すのか、売り出し価格を決めるのですが、これはご自身で自由に決めることができます。

一般的には、早く売りたいなら安く、高く売りたいなら時間がかかります。といっても、安すぎると損をするし、高すぎるといくら待っても売れないということが起こりますので、不動産会社としっかり相談しながら価格を決めましょう。

価格が決まるとチラシやウェブサイトで宣伝や広告をするなど販売活動が始まります。

⑤買う人が見つかったら契約を結ぶ

買いたい人が見つかれば契約を結ぶのですが、その前に、買いたい人と条件の交渉があります。販売価格や引き渡す日程など、お互いの条件を交渉して、折り合いがつけば契約を結びます。

この時に、売却価格が正式に決まり、買い手から手付金をもらいます。

⑥お金を貰って家を引き渡す

買い手から、手付金を除いた残りのお金を受け取るのと同時に、家を引き渡します。引き渡しが無事に済んだら、不動産会社に仲介手数料を支払い、取引完了です。

この時、もし、不動産を売って利益が出た場合は、所得とみなされますので税金がかかることはお忘れなく。

以上が不動産売却の流れになります。まずは、大まかな流れを掴んで、やるべきことを把握してから進めることが、売却を成功させるポイントになります。

❷ 不動産売却はじめの一歩！

不動産売却の流れがなんとなくわかったところで、売却初心者のあなたは、まずは何から始めたら失敗しないのか？

不動産売却のはじめの一歩を説明していきます。

まず、初めにすることは、この２つです。

①売る理由を明確にする

②売る時期を決める

初めて売却する人は、まずはここから始めるようにしてください。

面倒くさいからといって、いきなり不動産会社に電話して、売り出すのはやめてください。不動産会社のペースに巻き込まれてしまい失敗する恐れがあるからです。

では、順番に詳しくお伝えしていきましょう。

①売る理由を明確にする

不動産を売却する理由は、人それぞれです。


本当に売却したほうがいいのか？

本当に売却する必要があるのか？


もう一度よく考えてください。

売却する理由にもよりますが、賃貸物件にしたり、別荘として活用するなど、売らないで済む場合もあります。

ひょっとしたらほかにも良い方法があるかもしれません。家を売った場合はどうなるのか？　家を売らなかった場合はどうなのか？　両方のパターンでこれから先、将来のことを考えてみましょう。

どうですか？　考えはまとまりましたか？

家を売却する理由で、一番多いのは「住み替え」です。

例えば、子どもの成長に伴って家族構成が変わり、より広い家が必要になった。仕事で転勤になり、転居先で新しい家が必要になった。老後になって生活が変わり、自分に合った住まいが必要になった。

こういった理由で住み替えをする人は、たくさんいます。

住み替えで家を売ったほうがいい人は、今の家を売らないと、金銭的に次の家が買えない人です。

一方、住み替えでも家を売らなくていい人は、資金に余裕がある人です。

余裕があれば今の家は売らずに、賃貸物件として活用するほうが得かもしれません。

このように、売却しなくてもいい場合もありますから、どちらがいいのかは、今一度よく考えることが大切になります。

ここでひとつ気をつけたいのは、不動産市況が好調で、今住んでいる家の価値が上がっているうちに売りたいという場合です。

この場合、売った後に、次の家を買うのか？　それとも借りるのか？

この選択によって今後の資金計画が変わってきます。

人生１００年時代です。これから何年も暮らしていくうえで本当に今、売却したほうが得なのかは、自身のライフプランを見直して、しっかりと検討してから売却するようにしてください。

②売る時期を決める

もし、売るとしたら、いつまでに売れたらいいのか？

不動産売却で大切なのは、「いつから売る？」ではなく、「いつまでに売れたらいいのか？」ということです。なぜなら、不動産は「売る」と言っても、今日言ったからといって明日スグに売れるものではありません。

不動産会社に売却をお願いする場合は、平均すると売れるまでに約６ヶ月もの月日がかかります。つまり、あなたが「今スグ売ります」と言っても、実際に手元にお金が入るまでは、６ヶ月も先になるということです。ですから、急いでいる人はほかの方法も検討しなければなりません。

別に急いでないから、いつ売れても問題はないのか？

それとも、この日までに売却できないと困るという期日があるのか？

それに合わせて、売却方法や売り出し時期、売り出し価格などを決めていく必要があります。期日が決まっている場合は、それまでに売却が完了しなければならないため、計画的に売却を進める必要があります。

一方、期日が決まっていない場合でも、売り出す価格や時期というのは、市況や相場に影響されるため、慎重に検討して決めていく必要があります。

あなたの家を買う人は、たった一人なのです。**不動産というのは、たくさんの人に買ってもらう商品ではなく、たった一人の欲しい人に買ってもらえたら、売却は成功したと言える商品なのです。**

つまり、「いつ売れてもいいよ」という人であれば、高い価格で売り出しておき、売れるまで、ずーっと、ひたすら待ち続けていたら、ひょっとしたら、買いたい人が現れるかもしれません。もちろん、この方法だと、売れる可能性

は低くはなりますが、ゼロではありません。

しかし、「そんな先までは待てないよ」というのであれば、売却は計画的に進めていく必要があります。そのため、まずあなたがすることは、「いつまでに売れたらいいのか」期日を決めることです。そして、そこから逆算して売る時期を決めなければなりません。

❸不動産の売り方には２種類ある

不動産を売る方法には、大きく分けて「買取《かいとり》」「仲介《ちゅうかい》」の２種類があります。

「買取」は、不動産会社に物件を買い取ってもらうこと。

「仲介」は、不動産会社に物件の買い手を探してもらうこと。

もう少し、それぞれを詳しく解説していきましょう。

「買取」とは、不動産会社が直接物件を買い取る方法です。

中古車やブランド品の買取と同じように、不動産会社がプロとして物件を査定し、買取価格を提示してきます。

もし提示された価格に納得できる場合は、商談が成立し買取が決まります。

買取は、急いで家を売りたい場合や相続の際に使われることが多く、不動産会社がすぐに買い取ってくれるため、スピーディーに売却できます。

ただし、買取は仲介と比べると売却価格は安くなります。不動産業者が買うわけですから、市場相場よりも2〜3割、安くでしか買ってもらえないのです。

中古車を売った経験がある人ならわかると思いますが、100万円で売った自分の車が、ある日、店頭で見たら150万円で売っていたりします。こういうことって普通にありますよね？　不動産も同じなのです。

不動産業者は、利益を上乗せして物件を売るため、市場相場より安く買い取る必要があります。その結果、買取価格は一般的に低く設定されます。そのため「早く売る」より、「高く売る」を望んでいる人には向いていません。買取は手間をかけずに、早く売りたいという人向けの売却方法になります。

次に「仲介」ですが、不動産を売る方法の中で、一番メジャーなのが「仲介」です。

不動産会社に頼んで、買ってくれる人を探してもらう方法です。つまり、売主であるあなたと、買ってくれる人の間に、不動産会社が入り、仲介役をしてもらう方法です。

不動産売却と言えば、仲介というイメージを持つ人が多いでしょう。

仲介の場合、販売価格は、売主であるあなた自身で決めることができますので、自分が希望する金額で売り出すことができます。そして、買主が見つかって無事に売れたら、不動産会社に広告宣伝費や手間代等の経費として、仲介手数料を支払うことになります。

一般的に、仲介で家が売れるまでの日数は半年が目安だと言われています。ですから、仲介で売却するのは時間に余裕がある人で、少しでも高く売りたい人におすすめの売却方法になります。

このように、仲介と買取のどちらが良いのかは、売却価格や売却までの期間、手続きなどを考慮して決めることが大切です。

❹ 不動産の「買取」とは!?

さて、ここまで買取か仲介かというお話をしてきましたが、「買取」に重点を置いて、どのような特徴があるかをお話ししていきたいと思います。

【買取のメリット】

①売れるのが早い

「買取」の一番大きなメリットは、手続きが簡単かつスピーディーであることです。価格も含めて、条件が合えば、不動産会社が現金で直接買い取ります。契約から引渡しまでが短期間で済むので、現金を手にするまでが早いです。

②内覧が不要

家を見せるのは、不動産会社だけで済みます。購入を検討している不特定多数の人に「内覧」をさせる必要がありません。

③わずらわしさがない

実家を相続したけれど、誰も住まないから「サッサと売って、現金にしたい！」。

売ったお金は、相続人で分けるから「多少安くても、早く売りたい！」。

こういった早さを重視する人は、「買取」でスピーディーに現金化するほうが、わずらわしくなくていいでしょう。

④近所に売却がバレない

「買取」の場合は、ネットやチラシで広告宣伝することがないため、家を売ることを近所や知り合いに知られず、秘密裏に売却できます。

⑤契約不適合責任を負わなくていい

「契約不適合責任」とは、「売却した後でも、隠れた欠陥があれば、ちゃんと責任を取りなさいよ」という法律です。

例えば、隠れて気づかない雨漏り、シロアリの被害、給排水管の破損等があった場合は、売り主は家を売却した後でも、欠陥を修理する責任があるのです。

実は、この「契約不適合責任」を負うのは、一般の人に家を売った場合にだけ適用され、不動産会社に売った場合、責任はありません。

「買取」の場合は、不動産のプロに売ることになるので、「欠陥を見抜けなかったのは不動産会社の責任でしょ？　だから、『売った後は知りませんよ』」で大丈夫なのです。

⑥築古《ちくふる》の物件でも売れる

不動産会社は一般の人が買わないような築古で見栄えの悪い家を安く買い取り、リノベーションで再生し、利益を乗せて販売しています。ですから、築古の物件でも買い取ってもらえる可能性があります。

⑦事故物件でも売れる

事故物件というのは、自殺、殺人、事故死などの事件やトラブルがあった物件のことを言い、「心理的瑕疵《かし》物件」とも言われています。

こういった物件だと、一般の買い手は少ないですが、不動産会社なら買ってくれる場合

があります。普通に売ることが難しい家でも「買取」なら可能なことも多いのです。

⑧売れる金額がすぐに決まる

「買取」の場合は、不動産会社が提示してきた査定価格で買ってもらえます。
売れる金額も、売れる時期も、その場ですぐに確定します。

【買取のデメリット】

前項でもお話ししましたが、一般的に「買取」の価格は、不動産の市場価格より、2〜3割ほど安くなります。

❺不動産の「仲介」とは!?

「仲介」の特徴について詳しく解説します。
まず、不動産会社に仲介を依頼するメリットはこれです。

【仲介のメリット】

◎高く売れる

不動産会社に売るのではなく、一般の人に売り出しますから、市場での取引価格で売り出すことになります。そのため、買取で売るよりも高く売ることが可能になります。

「買取」と比較した場合の唯一のメリットになります。

次に、「仲介」で売却する場合のデメリットです。

【仲介のデメリット】

①売れるまでに時間がかかる

買取は不動産会社が直接買いますが、「仲介」では一から買主を探すため、広告を出して物件を案内するといった、販売活動が必要になるので売れるまでに時間がかかります。

②内覧が必要

購入を検討している人は、物件を見てから買うかどうかを判断しますので、家を実際に見せる「内覧」が必要になります。

住みながら売却する場合は、見ず知らずの他人に、暮らしている部屋を隅々まで見せるという「内覧」をストレスに感じるかもしれません。

③わずらわしい

「仲介」での売却は売れるまでに時間を要します。しかも、内覧させたり、価格交渉したりと、不動産会社や買主と商談しながら進めていくため、手間もかかります。

④近所に売却がバレる

広告や宣伝をするため、家を売っていることがわかります。

また、内覧では、いろいろな人が家を見にきてウロウロすることがありますので、近所の目が気になるかもしれません。

⑤契約不適合責任がある

契約不適合責任とは、売った後でも隠れた欠陥があれば、責任を取らなければならないという法律のことです。

契約不適合責任免責で売ることも可能ですが、その場合は売却価格が安くなることがあります。

⑥築古の物件は難しい

築古で見栄えの悪い家は敬遠されがちです。古い家は、修繕費が気になりますし、あと何年使えるのか不安だからです。そのため、買いたい人が見つかりにくく、売るのにかなりの時間が必要です。

⑦事故物件は厳しい

事故物件だと一般の人は買うのを躊躇してしまいます。買手の判断に大きな影響を与えるため物件の価値も下がりますし、仲介で販売するのは厳しくなります。

⑧売れる金額はわからない

実は、査定価格というのは「今、あなたの家を売りに出したら、これくらいで売れるんじゃないですか？」という予想価格なのです。

予想ですから、その価格で売れる保証はありません。売却金額は売れるまでわからないのです。

⑨仲介手数料がかかる

売買が成立すると、売却価格に応じて不動産会社へ手数料を支払う必要があります。

仲介手数料は、宅建業法で上限が決まっていて、物件価格の３％＋６万円＋消費税となっています（※物件価格４００万円超の場合）。

例えば、物件価格３０００万円だと、１０５万６０００円になります。

❻「買取と仲介」のメリットとデメリット

買取と仲介を比較すると、価格以外は、すべてにおいて、「買取」のほうが「仲介」よりも勝っているのですが、売れる価格だけは「仲介」に軍配が上がります。

ですから、高く売ることが最優先の人は「仲介」。

それ以外を優先する人は「買取」を検討していきましょう。

買取と仲介、一概にどちらが良いというのはありません。

あなたの売りたい物件が「買取」に向いているのか、「仲介」に向いているのか、どちらが合っているのかは、物件の条件や、自身の事情によっても変わってきます。

売却を検討している人の中には、高くは売りたいけれど、期限までに売れないと困る人もいるでしょう。そういう場合は、初めは「仲介」で売り出しておいて、期日までに売れそうにない場合は、「買取」に切り替えるという両方のパターンを選ぶことも可能です。

「買取」と「仲介」を比較してあなたにはどちらが合っているのか？

よく考えて決めましょう。

	仲介の場合	買取の場合
メリット	◎買取より高く売れる	◎売れるのが早い ◎内覧不要 ◎わずらわしさがない ◎近所にバレない ◎契約不適合責任ナシ ◎築古でも売れる ◎事故物件でも売れる ◎売却金額が即決
デメリット	×売れるまで時間がかかる ×内覧が必要 ×わずらわしい ×近所にバレる ×契約不適合責任あり ×築古は難しい ×事故物件は厳しい ×売却金額はわからない	×仲介より売却金額が安くなる

❼「個人間売買」とは

さて、仲介手数料を支払うのが惜しいから、自分で売買できないの？　と考える人もいるかもしれません。

普通に考えれば、不動産会社を間に挟まずに個人間で直接売買したほうがスピーディー、かつ仲介手数料が発生しないため安く済みます。

実は、不動産の売買は、必ず仲介会社を利用しなければいけないというルールはないのです。そのため、不動産会社を間に挟まず、売主が自分で買主を見つけてきて、直接個人間で売買を完結させることも法律的には可能です。

それでは、この個人間売買のメリット、デメリットを解説していきます。

【個人間売買のメリット】

①仲介手数料が不要

不動産会社が間に入らないため、仲介手数料が発生しません。

②好きな価格で売買できる

親子や親戚同士など、身近な人に売る場合、お互いの了承さえあれば好きな価格で売買できます。ただし、極端に安い価格で売買すると、税務署から「贈与」とみなされ、贈与税が課税されることがあるので注意が必要です。

【個人間売買のデメリット】

①買主を見つけるのが難しい

自分で買主を見つけることができれば個人間で売買できますが、そんな簡単に買主は見つかりません。不動産会社はプロですから、広告や宣伝をして買主を探すため、早く見つかりますが、個人で買主を探すのはかなり難しいと言えます。

②トラブル発生の恐れ

不動産知識の乏しい、売主・買主の個人間で売買すると、どちらかが不利な契約になってしまうこともあります。

また、不動産取引には、法律の問題や、パッと見ではわからないリスクも潜んでいます。ほかにも、中古物件の場合だと、建物に不具合があると「契約不適合責任※」の問題も出てきます。

※「契約不適合責任」は前述しましたが、引き渡し後に気づいた建物の隠れた瑕疵《かし》に対して、売主が一定期間責任を負うというルールです。

③お金に関するトラブル

買主が代金を支払わないなどのトラブルが起こった場合でも、自分で解決する必要があります。売買契約書に支払いについて明記していれば、契約解除や違約金の請求ができますが、このような重要な契約書類も、自分で用意しなければいけません。

また、不動産売買には、印紙税・登録免許税、固定資産税の清算などが必要になりますが、こういった費用も不動産会社が間に入っていなければ、すべて自分でやらなければなりません。

④買主が住宅ローンで購入できない

お金に関しては、これが一番影響が大きい問題です。

不動産会社が間に入らない「個人間売買」だと、買主は住宅ローンを組むのが難しく、ほとんどの銀行で断られてしまいます。

銀行は、融資するのであればトラブルが起こらないように、きちんと不動産会社を間に入れて契約してほしいと考えているからです。

家を買う人は、住宅ローンを使うことが大半ですから、住宅ローンが使えないのは大きな問題です。

「個人間売買」は主に、親族間など身近な人同士で売買する時に行われます。

身近な人だと話し合いもできますし、トラブルも起きにくいからです。

しかし、見ず知らずの他人に売却する場合は、そうはいかないこともあります。

不動産売買では、トラブルを防ぐために契約書を交わします。契約書の作成には法律的な知識や経験が必要になるので、不動産会社に「仲介」を依頼するのです。

不動産は高額な取引ですし、専門知識が必要なため、不動産会社を間に入れるほうが売る側も買う側も安心できます。

このような理由から「仲介」で不動産を売るのが通例となっているのです。

もし仲介なしで自分でやるとなると、トラブル対応や手続きなど、すべて個人でやらなければなりません。個人で行うリスクを考えると、仲介手数料を支払ってでも不動産会社に仲介を依頼するほうが懸命です。

不動産会社は、それらすべてに対処してくれるので、安心して不動産売買が行えます。良い仲介会社を選べば、心強いパートナーになってもくれますし、わからないことは気軽に質問もできます。売主の望みに応じて、より良い提案も届けてくれるでしょう。

仲介手数料は物件の価格に応じて上限が設定されていますので、あまり大きな不利益とは考えず、逆に安全に取引ができる保険だと考えるといいでしょう。

第2章

高く売るなら査定は○社に頼め！

❶ 不動産の査定とは？

自分の家の価値を知るには、不動産会社に査定をしてもらうのがオススメですが、不動産の査定にはいくつかの注意点があります。

中古車やブランド品の査定の場合は、業者が買い取り価格を提示するため、査定価格通りで売れるのですが、不動産の査定は違います。

不動産の査定は「今、売却したなら、これくらいで売れると思いますよ」という不動産会社が予想した価格を提示してきます。そのため査定価格通りに売れるとは限らないのです。

不動産の査定価格には「この金額で売れます！」という保証はないのです。

中古車の査定価格とは意味合いが違います。

もし、確実にいくらで売れるのかを知りたい場合は「買取査定」といって、不動産会社自らが直接、あなたの家を買ってくれる価格を算出してもらう必要があります。

「査定」と「買取査定」は別物ですので注意してください。

不動産会社は、市場相場を見ながら、いくらなら売れそうなのか、売れ行きを考慮して査定価格を算出します。

市場を考慮するため、基本的にはどこの不動産会社も同じくらいの査定価格を提示してきます。いわゆる市場に合わせた相場価格になるということです。

むしろ、相場価格ですから同じくらいの金額にならないとおかしいのです。

これから売却を考えている人の中には、「たくさんの会社に査定してもらったほうが、高い査定価格がもらえる」と考える人がいるのですが、これは大きな間違いです。

たしかに多くの不動産会社に査定をしてもらうことで、相場の平均値は求められるでしょう。しかし査定価格というのは、あくまでも不動産会社の予想価格ですから、予想をたくさん集めたところで、その価格で売れる保証はありません。

実際に売り出してみないといくらで売れるのかは誰にもわからないのです。

例えば、一度も不動産を査定した経験がない不動産会社が、すごく高い査定価格を提示してきたら、どうでしょうか？　信用できないのはわかりますよね。高い査定価格と売れる価格はまったく別物なのです。そういうことからも、多くの会社に査定を依頼する意味はないのです。

ただし、「買取査定」の場合は違います。

買取の場合は、不動産会社が提示してきた金額そのままで売れるわけですから、複数の不動産会社に買取査定をしてもらうのはアリなのです。

その中から、一番高い買取査定を出してくれた不動産会社へ売ればいいのです。

❷不動産の「机上査定」とは!?

不動産会社が行う査定方法には、「机上査定《きじょうさてい》」と「訪問査定《ほうもんさてい》」の2種類があります。

「机上査定」は、不動産会社が実際の家は見ないで、データをもとに机上で算出する方法で、簡易査定とも言われる査定方法です。

「とりあえずの、ザックリ価格でいいから早く知りたい」という人に向いているのが「机上査定」と言えます。

「訪問査定」は、不動産会社が実際に家を見に来て、建物や敷地状況をしっかりと調査したうえで算出する方法です。

時間は多少かかっても、正確な価格を知りたい人に向いているのが「訪問査定」です。

机上査定は、不動産の簡単な情報から査定価格を算出するので、不動産会社に行かなくても、営業マンと会わなくても、早ければ当日、遅くとも2、3日中には査定価格がわかります。

机上査定では以下の情報を元に、各不動産会社が物件価格を計算しています。

●物　件　情　報……エリア、住所、築年数、構造、広さ、間取りなどの個別情報
●公　示　価　格……国土交通省が発表している土地の価格
●現在の販売状況……あなたの家と似た物件が、現在の市場ではいくらで売り出されているのか？
●過去の成約事例……あなたの家と似た物件が、過去いくらで取引されていたのか？
●市　場　価　格……あなたの家のある地域は、現在どのような市場になっているのか？

机上査定の最大のメリットは、不動産会社に簡単な情報を伝えるだけで査定価格が早くわかることです。

家を見せる必要がないので、立合いする手間もかからず、スマホ入力だけで簡単に依頼

することができます。

また、査定を依頼したからといって、必ずしもその会社に売却を依頼する必要はありません。まずは査定してもらい、その後で、どの会社に頼むかを決めればよいのです。もし、思っていた金額よりも安かった場合には、もちろん「売らない」という手もありますので安心してください。

デメリットは、実際の物件を見て査定をするわけではないので、物件状態によっては、後で査定価格が大きく変動する恐れがあります。

つまり、机上査定は〝正確な査定価格ではない〟ということです。

建物の傷み具合、内装・設備機器の状態、リフォームの有無など、個別の情報は考慮されませんので、マイナス面もプラス面も査定価格には反映されません。

机上査定で提示された価格は概算の金額ですので、あくまでも参考価格として受け止めるようにしてください。特に一戸建ての場合は、それぞれの家に個性があり、構造や使い方、メンテナンス状況もさまざまなため、査定価格に誤差が出やすいので注意が必要です。マンションでしたら、竣工時の販売価格や間取りなどの情報がデータベースとして残っている場合もありますし、管理組合が修繕工事を定期的に行っていれば、外壁などの保存状態も悪くはないでしょう。

そういったことから、マンションの状態はある程度の予測がつくので、データだけでも査定価格を算出することは可能です。

できるだけ正確な査定価格を知りたいという方は、最初から概算の机上査定ではなく「訪問査定」を依頼するといいでしょう。実際に売却する時には、どのみち訪問査定をすることになりますので、最初から訪問査定を依頼するというのもアリなのです。

❸不動産の「訪問査定」とは!?

より正確な査定価格を知りたい人に向いているのが「訪問査定」です。

訪問査定では、実際に物件を見て査定してもらいます。

不動産会社は、所有者へのヒアリングを行い、土地の状況や建物の劣化状況、室内の状態等をもとに机上査定の価格にプラスマイナスの評価を付け加えて算出するので、正確な査定価格が出ます。そのため、ある程度の時間はかかってしまいます。

次の条件に当てはまる人には訪問査定が向いていると言えます。

①具体的に売却を検討している……近いうちに売却を考えている場合は、より現実的な売却価格がわかる訪問査定が向いています。また、訪問査定では営業マンと直接会うことになりますので、信頼できる不動産会社かどうかを見分ける判断材料にもなります。

②売却方法がまったくわからない……すぐに売るべきかどうかの判断も含め、売却に必要な準備や手順などがまったくわからないという方にも、訪問査定は向いています。
営業マンと直接会って話ができるので、査定価格はもちろん、売却に適した時期や必要な準備など、より有利に売却を進めるためのアドバイスを受けることができます。
営業マンにいろいろと相談できるのは心強いものですよ。

訪問査定を依頼する前には、次のことを事前に確認しておくと、スムーズに進めることができます。

●住宅ローン残債を確認する……住宅ローンが残っている場合、売ったお金を返済に当てる人がほとんどです。仮に査定額が住宅ローン残債よりも低ければ、ローンが残ってしまいます。その場合は、売却そのものを取りやめる必要性も出てきます。特に住み替えを計画する際には、ローン残債と査定額との比較については注意しておきましょう。

●管理費の支払い状況を確認する……マンションの場合は、管理費や修繕積立金に滞納がないかをチェックします。滞納があった場合は、購入者が立て替えることになります。これは値引きの要因となるので、ただちに支払って解消しておきましょう。

●境界を確認する……戸建ての場合は、境界を確認しておきましょう。

境界とは、隣の土地との境目のことで、売主にはこの境界を明らかにしておく明示義務があります（ココからココまでがウチの敷地ですとわかるようにしておくことです）。不動産会社が開発した分譲住宅地であれば、境界は確定していると思いますが、古い住宅の場合は注意が必要です。

境界確認は難しいため、わからない場合は不動産会社に相談してください。

●越境物を確認する……越境物とは隣の木が境界を越えて入ってきているとか、隣地とのブロック塀が境界の真ん中にある場合などの状況を指します。越境は境界が確定している分譲住宅地でも起こる問題なので、何が越境しているのかは事前に把握しておきましょう。

訪問査定は不動産会社の営業担当者と初めて対面する機会です。この訪問査定によって、営業担当者の人柄やスキルを確認することができます。不動産会社を選ぶ際の重要な参考情報となりますので、売却を検討している方は、ぜひ訪問査定を利用してみてください。

❹ 高く売るなら査定は○社に頼め

不動産会社に「査定」を依頼するとしても、いったい何社に査定依頼をしたら良いのか、また、何を基準に依頼する会社を選んだら良いかで迷ってしまうものです。

査定を依頼する不動産会社の〝数〟は、ズバリ〝3社〟です。

「1社だけだとダメなんですか？」と聞かれるのですが、その1社が信頼できる不動産会社であれば、もちろん1社で構いません。むしろそのほうが手軽で安心です。

しかし、そういった信頼性のある不動産会社がない場合、3社に依頼することをお勧めします。

多くの不動産会社に査定依頼するほうが、一見良さそうに思うかもしれませんが、営業攻勢に遭うだけですし、営業マンからの電話応対にも時間を取られてしまいます。

しかも、どの不動産会社がいくらの査定価格なのか、わけがわからなくなる事態に陥りますのでやめておきましょう。査定は多く頼みすぎても時間のムダです。かといって、少なすぎるのも査定価格が片寄ってしまう恐れがあるので、3社に絞るのです。

選び方は、大手から1社、地元から1社、売却に力を入れている会社から1社、このように特色が違う会社からそれぞれ1社を選びます。

大手というのは、テレビCMなどであなたも一度は聞いたことのある会社です。

地元の不動産会社は、物件の近隣で営業している中小の不動産会社のことを指します。その地域を中心に営業しているためエリアを絞って売却する場合は有利だと言えます。

そして売却に力を入れている会社ですが、不動産会社と一口に言っても、売買、賃貸、投資など、それぞれ分野がありますので、査定依頼する時には、中古物件の売却に力を入れている会社を選ぶのがコツです。

会社選びの方法については後の章でさらに詳しくお伝えします。

大手、地元、売却専門、それぞれ違う特色を持った会社を選ぶ理由は、会社によって査定価格や提案方法が異なるからです。不動産会社によっては、マンションは得意だけど戸建ては不慣れなど、得意分野も異なりますし、販売戦略も違います。それらを総合して検討できるので3社に査定依頼します。

査定依頼の方法ですが、自分で調べて直接、不動産会社に連絡するのもいいですし、1社ずつ依頼するのが面倒だなと思っている人は、一括査定サービスを利用するのもいいでしょう。

❺ 不動産一括査定とは？

1社ずつ査定依頼するのは面倒だと感じている人は、不動産一括査定サービスを利用すると、ネットから申し込むだけで、最大10社の不動産会社に一度に査定依頼できます。

中古車や、引っ越しの一括査定と仕組みは同じです。

一括査定サイトは、ウェブ上での申し込みとなるため、不動産会社の営業時間に関係なく24時間好きな時間に査定依頼できるので、平日は仕事で忙しいという人も、通勤での移動中にスマホで依頼することが可能です。

査定してほしい物件の住所、広さ、築年数、名前、連絡先などの情報を入力すると、査定してもらえます。

また、どこの不動産会社に査定を依頼したらいいのかわからない人にも便利です。

一括査定サイトには、その地域の不動産を取り扱っている会社が登録されていますので、その中から選ぶことができます。

ここでちょっと注意したいのが、「60秒で査定」という広告です。

この広告を見たら勘違いしてしまうのですが、これは、名前や住所などの情報入力に60

秒かかるということです。60秒後に査定価格がポンっと画面に出るわけではありませんので注意してください。

もちろん、勘違いしやすい広告を出している査定サイトが悪いのですが……。

【一括査定の流れ】

あなたが入力した物件情報は、一括査定サイトに登録されている不動産会社へと伝えられます。不動産会社はその情報をもとに、過去成約事例・現在の販売状況・地価変動など、さまざまな角度から検証し、査定価格を算出します。

この時、机上査定、訪問査定のどちらにするか選択できますが、まずは「机上査定」で依頼しましょう。

◎一括査定のメリット

ウェブサイトから入力するだけで、複数の会社に査定してもらえるのが、最大のメリットです。もし、自分で査定を依頼するなら、1社ずつ問い合わせする必要があるため面倒ですし、数多い不動産会社の中から、どこの会社に査定を頼めばいいのか、迷ってしまいます。

なぜなら、地域や、物件の種類（土地、戸建て、マンション）によって、査定対応できる不動産会社は限られているからです。

それが、一括査定サイトでは、1回の入力で完結するので手間がかかりません。

また、複数の不動産会社から査定結果が出ますから、平均値がわかり「売却価格の相場」を知ることもできます。

●一括査定のデメリット

査定サイトの申し込みには、名前・住所・電話番号等、個人情報の入力が必須です。そのため、何社もの不動産会社から営業電話がかかってきます。

特に最近は、一括査定サイトが乱立し、不動産会社同士の争いも激化しているため、あの手この手を使ってあなたに迫ってきます。そのため、こういった営業攻勢が苦手な人にはお勧めできません。

また、田舎や地方の物件にはあまり向いていません。実は、地方の場合は、一括査定サイトに登録している不動産会社の数が少ないため、査定依頼しても1社にしか依頼できないこともあります。それどころか、査定エリア外となって対応してもらえない場合もあります。

＊一括査定の注意点

便利な一括査定ですが、気をつけてほしいことがあります。

実はどの不動産会社も、売主から選ばれたいので、嫌われないように査定を甘めに出しがちになっています。そのため、査定価格が相場より高くなっていることが多いので注意しましょう。

❻誰にも知られずに自宅の資産価値を調べる5つの方法！

家の価値を知りたいけれど、不動産会社に査定依頼するのは抵抗がある。離婚を考えているけれどパートナーに知られるのは困る。実家の価値を知りたいけれど親には知られたくないなど、さまざまな理由で悩んでいる方々がいます。

そんな方々に、自分自身で簡単に調べられる方法を5つご紹介いたしましょう。

①不動産物件情報サイトを調べる

一番手軽にできる方法は、今、実際に売り出されている物件情報から相場を調べるというやり方です。

「SUUMO（スーモ）」など、現在販売中の物件が検索できる不動産情報サイトを使って調べてみましょう。

エリア、沿線、駅など条件を絞り込んでいくと、販売中の物件を閲覧することができますので、自分の家と条件の近い物件がいくらくらいで販売されているのかがわかります。

ただし、不動産情報サイトで確認できるのは、実際に取引が成立した成約価格ではなく、現在売り出し中の販売価格であることに注意してください。

実際に売れた成約価格は、ネットで掲載されている販売価格よりも安くなることが多いのです。これは、売買契約を結ぶ前に価格交渉が入るため、販売価格から値下げして成約することが多いからです。そのため、販売価格は値引き代を加味して、少し高めに設定されています。

マンションなら5％、戸建てなら10％くらい高めのことが多いので、その分、相場は安くなるんだと考えておきましょう。

この方法で調べるのなら5分、10分でわかりますので、ぜひ一度チャレンジしてみてください。

ただ、調べるエリアによっては、販売されている物件数が少ない場合もあります。その場合は、調べるエリアを拡げたり、条件を緩和するなどして、できるだけ物件数が多くヒットするように調整して調べるようにしましょう。

②レインズ・マーケット・インフォメーション

「レインズ」とは、不動産会社だけが利用できる不動産情報サイトのことです。わかりやすく言うと、不動産会社しか利用できない「SUUMO（スーモ）」のようなサイトです。

この「レインズ」を一般の人でも見られるように開発されたものが、レインズ・マーケット・インフォメーションです。

ここでは、個別の物件情報は伏せられていて、面積、築年数、成約時期なども特定できない形で、一般の人でも成約事例が閲覧できるようになっており、全国のマンション、戸建ての取引情報を見ることができます。残念ながら土地は見れません。

マンションと戸建てを別々で見ることもできますし、町名ごとに、いくらで売れたのかや、地域・間取り・駅からの距離などもわかるようになっています。しかし、1年以内の成約事例しか掲載されていませんので、ひょっとしたら近隣の情報は載っていないかもしれません。

③土地総合情報システム

国土交通省が運営している不動産の取引情報サイトです。

不動産市場の信頼性や透明性を高める目的で設置され、取引当事者に実施したアンケート調査に基づいた情報です。

こちらは、土地・戸建て・マンションごとに分類されており、市ごと、町名ごとで価格を見ることができます。リフォーム済みか、未改装なのかという情報まで載っていますので便利です。ただし、細かい住所やマンション名まではわかりません。

④路線価図

路線価図といって、道路ごとに土地の㎡単価が千円単位で記載されている地図があります。国が調べた、ある一定の地点の価格を「公示価格」と言いますが、その土地価格のおよそ8割前後の金額で設定されています。ですから少し価格調整する必要はあります。

路線価図は土地の価格だけを調べたい人向きです。ただし、人気エリアの場合は実勢相場と路線価ではかなり乖離《かいり》している場合がありますので注意してください。

⑤AI査定

ウェブ上で住所・広さなど必要最小限の情報を入力すると自動で計算してくれます。AIですから情報を与えると自分で学習していって、すごい精度で上がってくるという触れ込みです。首都圏などの取引が多いエリアならデータ量が豊富なので向いています。

AI査定のサイトは首都圏対象が多く、東京23区内のマンションならデータベースがしっかりとできているので、マンション名を入れるだけで金額が出てくるサイトもあります。

一方、戸建てや、郊外の物件の場合はデータ量が少ないため正確な価格を求めるのは難しいでしょう。

自宅の価値を知るのであれば、不動産会社に頼んで、査定してもらうのが圧倒的に楽なのですが、不動産会社に聞く前に、まずは自分でも少し調べておきたいという人は、今回紹介した方法を試してみてください。

どれもウェブ上で気軽に調べることができますので、他人に知られることなく、不動産屋からの営業電話もなく、自分でサクサク調べることができます。

ただし、実際の相場の価格と開きがある場合もありますので、あくまでもご自身で調べたものは参考程度にしておきましょう。

❼ これを知らないと査定価格にダマされる

不動産会社は査定の際、過去の成約データを元にした「取引事例比較法」を主に使用して価格を設定します。

この方法は、過去にあなたの家と似た物件が、どれくらいの価格で売却されたのかを調査し、それをもとに査定価格を算出しています。そのため、取引数の多いマンションでは、データが平均化されるため、どの不動産会社も同じくらいの査定価格を提示してくることになります。

それにも関わらず、ほかとかけ離れた〝高い〟査定価格を提示してくる不動産会社もいるのです。特に一括査定サイトを利用して複数の査定書が届いた際、1社だけが飛び抜けている場合は危険です。

査定価格は本来、市場の取引相場に基づいて算出されるものですから、異常に高い査定価格は怪しい兆候と言えるので疑ったほうが良いでしょう。

査定に関しては「高い査定金額が出た！」と喜ぶのではなく、むしろ高い時ほど疑いの目を持つことが重要なのです。

不動産の価格は市場価格に基づくため、あなたの家だけが特別に高くなることはないのです。

例えば、同じマンション内でほかの部屋が売りに出されているのに、自分の部屋だけが特別高く売れると思いますか？　著しく高い査定価格を提示されたところで現実的でないことは常識的にわかるでしょう。

不動産には相場価格がありますから、適切な範囲の価格であるかどうかが大切なのです。

でも、「ひょっとしたら自分の家だけは高く売れるんじゃない？」

気持ちはわかりますが、このような幻想は捨ててください。

ウェブ上では「相場より○百万円も高く売れた！」という広告を見ることがありますが、それはあくまでも宣伝の一環です。あなたの家だけが、特別に高く売れると考えるのは現実的ではありません。広告に惑わされないように気をつけることです。

話が少し逸れましたが、不動産の査定価格は単純に高ければ良いというわけではありません。その価格で実際に売れるのか、物件の価値を知るためのものです。

高い査定価格を信じて物件を売り出しても、売れない場合は何度も値下げをすることになり、最終的には相場よりも低い価格で売却することもあります。

不動産の価格は、スーパーでの閉店前のお惣菜のように値下げを繰り返していると、売れ残り感を生じさせるため、相場よりも低い価格で売却することになりかねません。そのため、売り出しはじめの価格設定は慎重に考える必要があるのです。

しかし、このような現実を知らない売主だと「査定価格の通りに売れる」と勘違いして、高い査定価格の会社に売却を頼んでしまいます。これが不動産会社の罠だとは知らずに……。

一般の人は「査定」と聞くと、提示された金額で売れると思い込んでいます。悪質な不動産会社はこの心理を逆手にとって、売れもしないような高い査定価格を提示してあなたを惑わせます。

もちろん高い価格で売り出したとしても売れませんし、買い手からの問い合わせも得られません。なぜなら、買い手のほうが相場価格をよく知っているからです。

不動産会社に乗せられて高い価格で物件を売り出したところで売れませんから、値引きを繰り返し、最終的には安売りするという悲惨な状況に陥ってしまいます。

安売りは売主にとっては非常に残念な結果ですが、不動産会社にはあまり関係ありません。

不動産会社の報酬は仲介手数料なので、通常は売却価格の3%です。そのため、多少安売りしたとしても、収益にはそれほど大きな影響は出ないのです。

そのため、不動産会社は「売れないので値下げしましょう」と平然と提案してきます。例えば、１００万円値下げして売れないなら、次は２００万円の値下げ、それでも売れなければ、さらに２００万円の値下げを提案されます。こうなると売主は合計で５００万円もの値下げをすることとなってしまいます。しかし、不動産会社の報酬はわずか15万円しか減りませんから、気軽に値下げを要求してくるのです。

不動産会社からすると、物件をウェブ上に掲載するためには毎月の広告費がかかり、さらには営業マンの手間も必要です。そのため、売値を下げて早く物件を売り切ってしまうほうが利益に繋がるのです。値下げで損するのは売主だけです。このような事態を避けるためにも高い査定価格には十分注意を払っていただきたいのです。

もし査定価格が高い場合は、その理由を尋ねて納得ができないのであれば、その会社に依頼することはきっぱりとやめておきましょう！　騙されない対策として重要なのが、自分であらかじめ相場価格を調べておくことです。

相場を知らずに不動産会社の言い値で契約してしまうと、先ほどのように痛い目を見る可能性がありますので、自分でも相場価格を調べておき、高い査定価格に踊らされるリスクを減らしましょう。

❽ 不動産一括査定サービスの実態を暴露

一括査定サービスの実情はどうなっているのか、リアルな現状をお伝えしましょう。

現在、一括査定サイトは乱立しています。非常に数が多くなり、なんと30サイト以上もある正に戦国時代で、生き残りをかけて必死に宣伝や広告を行っています。

ネットで「一括査定」と検索すると、多くの記事が出てきますが、どの記事も良いことばかりを強調し、最後には必ずどこかの一括査定サイトに誘導されるようになっています。

これはアフィリエイトと呼ばれるもので、記事を書いたライターが上手く読者を誘導して、一括査定サイトにアクセスさせれば、ライターに報酬が支払われるという仕組みになっているからです。ですから良いことばかりを書いて読者の心を煽り、サイトに誘導するのです。

ネットで検索上位にくる「不動産一括査定サイト」の記事は、アフィリエイターが書いているものばかりで、信頼性に欠けるものが目立ちます。そこで、ここではそうした記事ではなくリアルな一括査定の現状についてお伝えしていきます。

本書は一括査定サイトからお金を貰っているわけではありませんので、正直にリアルな実情を書いていきます。

一括査定サービスのメリットは「一度に複数の不動産会社に査定依頼できること」

ハッキリ言ってコレに尽きます。

「一括査定サービスを使うと、高い査定価格が出ます！」これはメリットではありません。

ネット上では、「えっ！　こんなに高い査定価格が出た」「A社３０００万円、B社３１００万円、C社３０５０万円、D社は３７００万円。なんと７００万円もの差が！」

と、不動産査定の意味を、完全にはき違えた広告が多く見られますが、騙されてはいけません。

不動産の査定は売れる価格ではなく、売れるだろうという予想価格です。

先ほどの例だと、３０００～３１００万円が相場だと考えられます。

A、B、C社はしっかりと査定価格を算出しているということです。しかし、D社だけが３７００万円ということは、完全に予想がハズレているのです。もし、D社が、初めて査定する売却に不慣れな会社だったらどうでしょうか？　この高い査定価格は、信頼できるでしょうか？　おそらく、誰も信用しないでしょう。

要するに「一括査定サービスを使ったら、高い査定価格が出た！」と喜ぶのは間違いだということです。

次は一括査定サービスのデメリットですが、実は、ネットで調べても、ほとんど悪い記事を目にすることはありません。

「一括査定のデメリット」といった記事があっても、「えっ？　これってデメリットなの？」みたいな、ぼんやりとした記事しかないのです。しかも、デメリットの記事なのに読んでいたら、いつのまにか一括査定サイトに申し込むように誘導されている……。

実はこれもアフィリエイターの仕業なのです。一括査定サイトをクリックするように仕向けられた、できレースの記事なのです。

そこで、ここからは実際のデメリットをお伝えします。

①営業電話がもの凄くかかってくる

一括査定サイトに登録した瞬間から、不動産会社同士の電話合戦が始まります。

6社〜10社の不動産会社から一気に電話があります。

営業マン自らが電話してくることもあれば、テレアポ嬢を使ってかけてくる会社もあります。電話に出ない場合は、何度も何度もしつこくかかってきます。

ここで問題なのは、何社からも同時に電話があるから、鬱陶しいのはもちろんですが、どこの会社かもわからなくなってしまうことです。

この対策としては、電話対応したくない場合は、一括査定サイトに登録する際に「電話NG。メールでお願いします」と、ひとこと入力しておきましょう。

それにも関わらず電話してくるような会社は、会社選び候補から除外しましょう。

もうひとつの対策は、本人が特定できないような査定サイトを使うことです。匿名査定だと、電話連絡ナシで概算の査定価格を教えてもらえます。

電話営業が嫌いな人は、こういうサイトを使うと良いでしょう。ただし、物件を特定せずに査定するわけですから、かなりアバウトな金額になりますので、マンションはまだしも、戸建ての場合は参考にならないレベルかもしれません。

②査定価格が相場より高くなりやすい

一括査定サイトは無料で利用できます。なぜなら、一括査定サイトの運営費は不動産会社の登録料や紹介料で成り立っているからです。実は、不動産会社は一括査定サイトにお金を支払って情報をもらい、あなたの物件を無料で査定しているのです。ですから当然赤字です。

では、不動産会社が赤字を解消するには、どうすれば良いのか？

あなたの家を売って、仲介手数料をもらうしかありません。

不動産会社は、一括査定サイト内のライバル会社に競り勝たないと、あなたの家を売ることができません。そのため、他社を出し抜いて勝てるように、あなたの気を惹こうとして、売れもしないような高い査定価格を出す「煽《あお》り査定」をしてきます。

売主は、不動産会社を決める時に、査定価格の高さだけで決めることが多いため、どの不動産会社も高く出してくるのです。しかし、どれだけ査定価格が高くても、意味はありません。高い査定価格イコール売れる価格ではないからです。ですが、その事実を知らないと、高い査定に惑わされてしまいます。

対策としては「査定価格」だけで判断しないことです。査定価格はどの会社も大体同じくらいになるのが普通なので、やたらに高いのは怪しいため、そういう会社は外してください。複数社の査定を比べてみるとスグにわかります。

それに加えて、なぜその査定価格になったのか査定の根拠もしっかりと聞きましょう。

納得のいく説明がもらえなかったら、その会社は外しましょう。

③不動産会社に偏りがある

一括査定サイトは沢山あり、それぞれ登録されている不動産会社も異なります。登録企業「1500社」と聞くと、沢山の不動産会社が一括査定サイトに登録しているように見えますが、国内には「12万社」の不動産会社がありますから、実際のところ、登録していない会社がほとんどなのです。むしろ登録している会社はほんの一握りに過ぎないので、偏っているということは知っておきましょう。

地域によっては1社も登録されていなかったり、査定対応してないエリアもあります。このような偏りの解消としては一括査定サイトの複数利用、もしくは、地元の不動産会社へ直接査定依頼してください。

中小の会社だと、一括査定サイトには登録していないことが多いので、電話やメールで個別に査定依頼するようにしてください。

④高く売るなら訪問査定しろ

査定には、机上査定と訪問査定の2種類ありますが、どちらを選ぶべきか悩む人も多いです。

一部の人は、不動産業者に家を見に来られることを嫌がり、机上査定を選んでいます。しかし、不動産の査定には、実際に家を見なければわからないことがたくさんあります。そのため、売却を成功させたい場合は、早めに訪問査定を依頼してプロの目で見てもらうことが重要です。

机上査定は、物件を見ずに算出するので、あくまでも参考価格にしかならず、実際に売却するときの「売り出し価格」ではないことが多いのです。

一方、訪問査定では、実際に物件を見て、土地の状況や建物の劣化具合、お部屋の状態等を考慮するので正確な査定価格が算出されます。

特に中古戸建ての場合は、机上査定はほとんど意味がありません。なぜなら、戸建てはデザインや仕様、屋根や外壁の劣化状況がバラバラで、日当たり、騒音、ニオイ、隣地境界、周辺環境など、行って見ないとわからないことが多いからです。

古い建物だと、増築して違法建築になっている場合もありますし、家の前の道路幅によっては、建て直しができない場合もあります。

こういった問題があるため、戸建ての場合は、訪問査定をして、プロの目で物件を確認してもらうことが重要です。

マンションの場合は、戸建てのように訪問査定後に価格が大きく変わることは少ないです。ただし、築20年以上の場合は、リフォームしていることも多いですから、部屋の状態によっては査定価格に開きが出てきます。築年数だけでは測れないため、ここでもやはり実際に訪問してもらって、プロの目で査定してもらうことが重要です。

物件を少しでも高く売りたいのなら、少し手間かも知れませんが、訪問査定を依頼して、営業担当者と実際に会って物件の状態や周辺環境などを見てもらい、正確な査定価格を教えてもらいましょう。

また、営業担当者がどんな人なのか確認することも重要なポイントです。

売却の流れや近隣の取引状況、相場なども聞いておくと、適正な価格で売り出すことができます。営業担当者への相談は無料ですから、この機会に気になることは何でも聞いておきましょう。

第3章

失敗しない不動産会社の選び方

❶ 失敗しない不動産会社の選び方

不動産を売却したいけど、どこの不動産会社に頼むのがいいのか、迷っている人も多いでしょう。

不動産売却はどこに依頼するかで、結果に大きな影響が出てきます。売却が成功するかどうかは会社選びで決まると言われるくらい重要なのです。

しかし、そのような現実を知らずに適当に不動産会社を選んでしまい、失敗してしまうケースは後を絶ちません。どこに頼んでも同じと思って売却を進めた結果「相場よりも安く売られていた」と後悔している人がいかに多いことか……。

ご存知でしたか？　不動産会社はコンビニの2倍以上も存在するのです。

そんな中からどの不動産会社に売却を依頼すれば失敗しないのか？

不動産会社選びのコツをお伝えいたします。

危険なのは、とりあえず「近い不動産屋に頼む」「聞き覚えのある会社に頼む」「次に買う家の不動産会社についでに頼む」など、適当に不動産会社を決めることです。

不動産を売却するなら、売却が得意な不動産会社に頼まなくてはいけません。

実は、不動産業務は大別すると、売買と賃貸の２つのカテゴリーに分かれており、同じ不動産業でも業務内容は大きく異なります。

皆さんがよく目にする、ＣＭで知られている不動産会社の多くは、賃貸に特化した会社であり、売却に関しては得意ではない会社も多いです。

さらに、売買を扱っている会社も２つに分かれ、家を売却したい人を相手にする〝売り〟が得意な会社と、購入したい人を相手にする〝買い〟が得意な会社に分かれます。一見、売買なら同じようにも思えますが、業務内容は異なります。

不動産業務は「買うよりも売るほうが難しい」と言われていますので、売却するなら、〝売り〟の得意な会社を選んでください。

売却が得意な会社は、どのようにしたら高値で

売却できるのかを十分に理解しており、販売戦略もしっかりしているので安心して任せられます。

別に大手の不動産会社でなくとも構いません。現代はインターネットの時代であり、不動産業界には、「レインズ」がありますから、中小の不動産会社でも大手と同様の売却力を持っています。

では、売却が得意な会社は、どのように見つければいいのでしょうか？　わかりやすい手がかりは、その会社のホームページです。

ホームページを検索し、その会社が不動産業の中でどの分野が得意なのかを調べます。売買、賃貸、土地、新築、中古、収益物件、ビルなど、いろいろありますが、中古住宅の「売却」に特化した会社を探します。

また、ホームページでは、売り主にとって役立つ情報が掲載されているかも確認しましょう。例えば、高く売るための方法や売却手続きに関する情報などが記載されているかどうかをチェックしてください。

もし、そのような情報がなく、単に販売物件の写真や価格が掲載されているだけのホームページであれば、それは主に買い手を対象とした会社である可能性が高いため、選択肢から外しましょう。

次に、不動産会社が実際にどのように売却を行っているのか、売却方法は非常に重要です。確認しておきましょう。

現在、多くの人々がインターネットで家を探しています。そのため、まず重要なポイントとして、その会社が「ＳＵＵＭＯ（スーモ）」に掲載して物件を売り出しているかを確認しましょう。スーモは、購入を検討している人の約7割が利用すると言われています。逆に言うと、スーモに掲載しないと7割の人に見られず機会損失になるということです。

ただし、スーモへの掲載には高額な費用がかかります。

掲載費用は不動産会社の負担です。そのため、不動産会社はできるだけ高額なスーモへの掲載を避け、自社のホームページやほかの情報サイトなどで安く済ませたいと考えています。しかし、ほかの媒体では宣伝効果が薄くなるためスーモへの掲載は必須条件です。

また、スーモへ掲載される写真の品質がネット上で重要な役割を果たしています。

掲載されるのはあなたの物件だけではありません。多くの物件が掲載されている中で、目を惹き、魅力的で買いたくなるような写真であることが必要不可欠です。粗雑な写真では、住みたいと思ったり、買いたいと思ったりすることはありません。そのため、必ず、きれいに撮影された部屋の写真が掲載されているかどうかをチェックしてください。掲載物件の数よりも写真の品質が重要なのです。

ネット上で売却に強い会社かどうかを確認する方法については、

①ホームページが売主向けになっているか？

②「スーモ」に物件が掲載されているか？

③キレイな写真が掲載されているか？

これらの方法は、営業担当者に会ったりする必要はなく、自分自身でスマホで手軽にチェックできますので、ぜひ試してみてください。

❷ダマされるな、不動産会社を見極めろ

「どこの不動産会社に頼んだらいいのか？」と迷ってしまうことはよくあります。

実際、依頼する不動産会社によって、売れる価格が変わることも事実です。

では、高く売りたいのであれば、どこに頼めばいいのでしょうか？

この問いには次の３つの要素が関係してきます。

①売却方法

売る方法が「仲介」か「買取」かによって、不動産会社の選び方が変わります。

高く売りたい場合は、仲介が得意な不動産会社に依頼しましょう。

不動産会社は、家を買いたい人を対象とする「買い」に強い会社と、家を売りたい人をサポートしている「売り」に強い会社に分かれます。

売却する場合は、売りに強く、売主の味方となり、高値で売ってくれる会社に頼むことがポイントです。

一方、早く売りたい場合は、買取をしてくれる会社に依頼しましょう。

仲介と買取の両方を手掛ける不動産会社なら、初めは仲介での売り出しを試み、期限内に売れなければ買取を検討するという選択が考えられます。売れるか不安な方は、仲介と買取の両方を行う会社を選ぶと安心です。

ただし、この場合、悪質な不動産会社を選んでしまうと、仲介ではわざと売らずにズルズルと引き延ばして、最終的に安く買い取ろうとします。このような手口を使う会社は、買取を強引に勧めてきますので、気をつけてください。

どちらにしても、自分の家を仲介で売るのか、買取にするのか、しっかりと決めてから依頼する不動産会社を決めましょう。

②エリア

都心の人気エリアか、地方や郊外かで、選ぶべき不動産会社が異なることもあります。

まず、都心の人気エリアであれば、大手不動産会社か地元の不動産会社かにこだわる必要はありません。なぜなら、「レインズ」へしっかりと登録すれば、全国の不動産会社に情報が行き渡るため売れる可能性は高まるからです。

次に、田舎や、郊外の場合は、地元の不動産会社がオススメです。

大手は、地方の物件は営業エリア外になるため、力を入れていません。地方では、不動産会社の数が限られているため、連絡してみて営業担当者が信頼できそうなら、その会社に依頼するのでもいいでしょう。

③建物の種類

マンションや戸建てによって選ぶ不動産会社は異なることがあります。なぜなら一部の会社はマンションを、また別の会社は戸建てを得意とするからです。

マンションの場合は、過去の成約データがたくさんあり、査定もしやすく、全国どこでも割と正確に査定価格を算出することができるため、適正な価格で売り出すことはたやすくなります。

しかし、戸建ての場合は、過去の成約事例データが限られており、建物の立地条件や、日当たりなども一件、一件、異なるため、査定は困難になり、適正な売り出し価格を決めることが難しくなります。そのため、戸建てを売却する場合は、戸建ての売却に慣れている会社に依頼することが重要です。

戸建ての売却に慣れた会社は、独自の手法や経験を活かして適切な販売方法を提案してくれます。また、地域の特性や需要動向を把握しているため、より効果的なマーケティング戦略を展開することもできます。

ですから戸建ての売却を成功させるためには、戸建てに特化した売却専門の不動産会社に相談することが重要になるのです。

❸ 不動産の売却を頼むなら「大手か？　地元か？」

不動産会社選びは、売却成功のカギとなる重要なポイントです。

そのため、売却を頼むなら、大手の会社が良いのか、それとも地元に根づいた会社が良いのかで迷うことも多いでしょう。

大手、地元、どちらに任せるのが正解なのか？

結論から言うと、自分に合っているほうに任せたらいいのです。

大手には大手の、地元業者には地元の強みがあります。また、売却する物件や、営業担当者との相性などもあるため、一概にどちらが良いというのは断言できません。そのため、ここでは大手、地元それぞれのメリット、デメリットを紹介しますので、自分にはどちらが合っているのかチェックしていきましょう。

【大手不動産会社のメリット】

①信頼感

大手不動産会社のメリットは「信頼感」です。

大手は財務基盤が安定していて、多少不景気になろうと倒産するリスクは少ないため安心感があります。

②営業マンのレベルが安定している

大手不動産会社では、研修やマニュアルが徹底され、社員教育をやっていることも多いため、一定レベルでの営業対応が期待できます。

③顧客情報量

大手不動産会社は各地に支店を持っているため、顧客情報量が豊富です。

しかしこの情報量の面は、全国規模で考えると、確かに膨大な量を持ってはいますが、地域ごとに詳細に分けると、大手と地元の情報量にはそれほど大きな差はないのです。

なぜなら、大手不動産会社が独占的に保有する情報もあれば、地元密着の不動産業者が独自に持つ情報も存在するからです。地元の不動産業者はその地域に詳しく、地元の市場動向やニーズを把握していますので、独自性がある情報を持っているのです。

【大手不動産会社のデメリット】

①両手仲介の可能性が高い

売主と買主の双方の仲介を同じ会社が行うことを「両手仲介」と言います。

大手は売上を上げるために、自社が抱えている顧客の中から買主を見つける「両手仲介」の比率が非常に高い傾向があります。

両手仲介自体は違法ではありません。しかし、両手仲介を成立させるために、買主側の味方をして、売主には値下げを要求してくることがあるので注意が必要です。

②売主への対応に時間を十分に割けない

大手は顧客数が多いため、営業担当者が一人で多くの案件を担当することになります。そのため、売主一人ひとりに対して充分な時間を割くことが難しくなります。

売主が頻繁にコミュニケーションを取りたい場合、対応に不満を感じることがあるかもしれません。

③対応が冷たいと感じられることがある

案件数が多く手が回らない状況では、条件の良い物件が優先されます。早く売れそうな高額物件は、営業成績に直結するため、担当者も優先的に対応してくれますが、そうでない場合は対応も薄くなり、営業時間外では一切対応してもらえないなど、冷たく感じられることもあります。

【地元不動産会社のメリット】

①地域に精通している

地元業者は、限られたエリアで営業しているため、地域に関する詳細な知識を持っています。地域密着型のため、学校区や買い物施設など地域情報にも精通しており、売買において重要な要素となる情報をスムーズに提供してくれます。

②親身に相談に乗ってくれる

大手に比べると取り扱う案件数が少ないため、より親切に個別に対応してもらえる可能性が高いです。

担当者とのコミュニケーションも取りやすく、依頼や相談にも親身に応じてくれる場合が多いです。休業日や営業時間外でも柔軟に対応してくれる営業マンも存在します。

③「片手仲介」になる可能性が高い

大手のデメリットとして挙げた「両手仲介」は地元業者のほうが少ないと言われています。片手仲介であれば、不動産会社は売主からしか報酬を受け取れないため、売主側の味方になり、売主の利益を優先して取引しようとします。
＊注：不動産会社数が少ない地域では両手仲介率は高い傾向にあります。

【地元不動産会社のデメリット】

①得意・不得意分野がある

地元業者は、人員やリソースに限りがあるため、得意・不得意な分野が存在します。
例えば、マンション売却が得意な会社に戸建て売却を依頼すると、売却の長期化や価格面での不利益を招く可能性があります。

②認知度が低い

地元業者は、広告や宣伝に大手ほどの資金を投じることができないため、認知度が低いです。

③営業マンの質に差がある

地元業者は、大手ほどの社員教育や統一された営業スタイルを持っていないため、営業マンのレベルに差があることも多いです。

大手を退職し独立したスーパー営業マンもいれば、逆に宅地建物取引士の資格も持っていないデキの悪い営業マンも見受けられます。当たりハズレが大きいため注意が必要です。

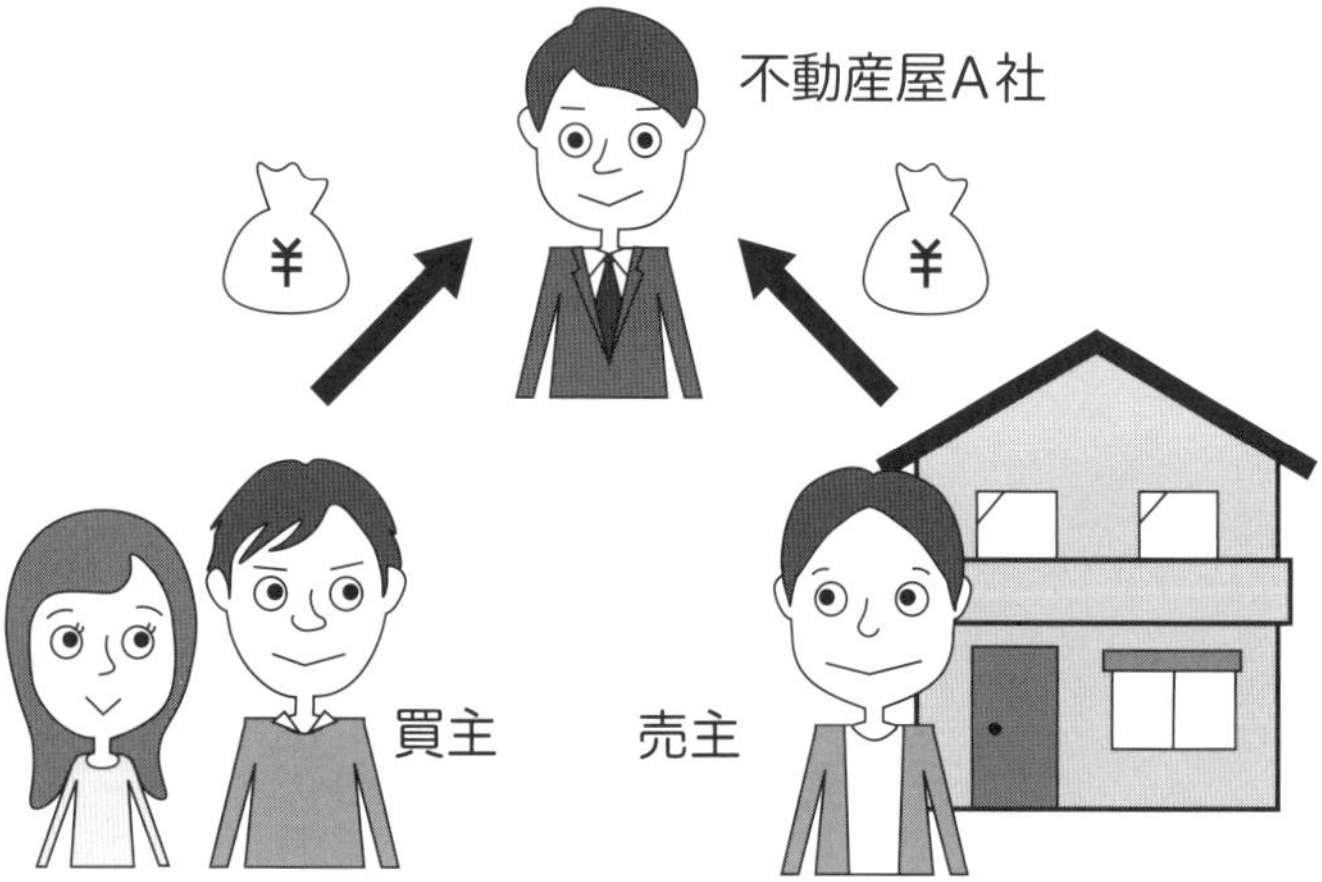
不動産屋A社
¥
¥
買主
売主

【両手仲介】

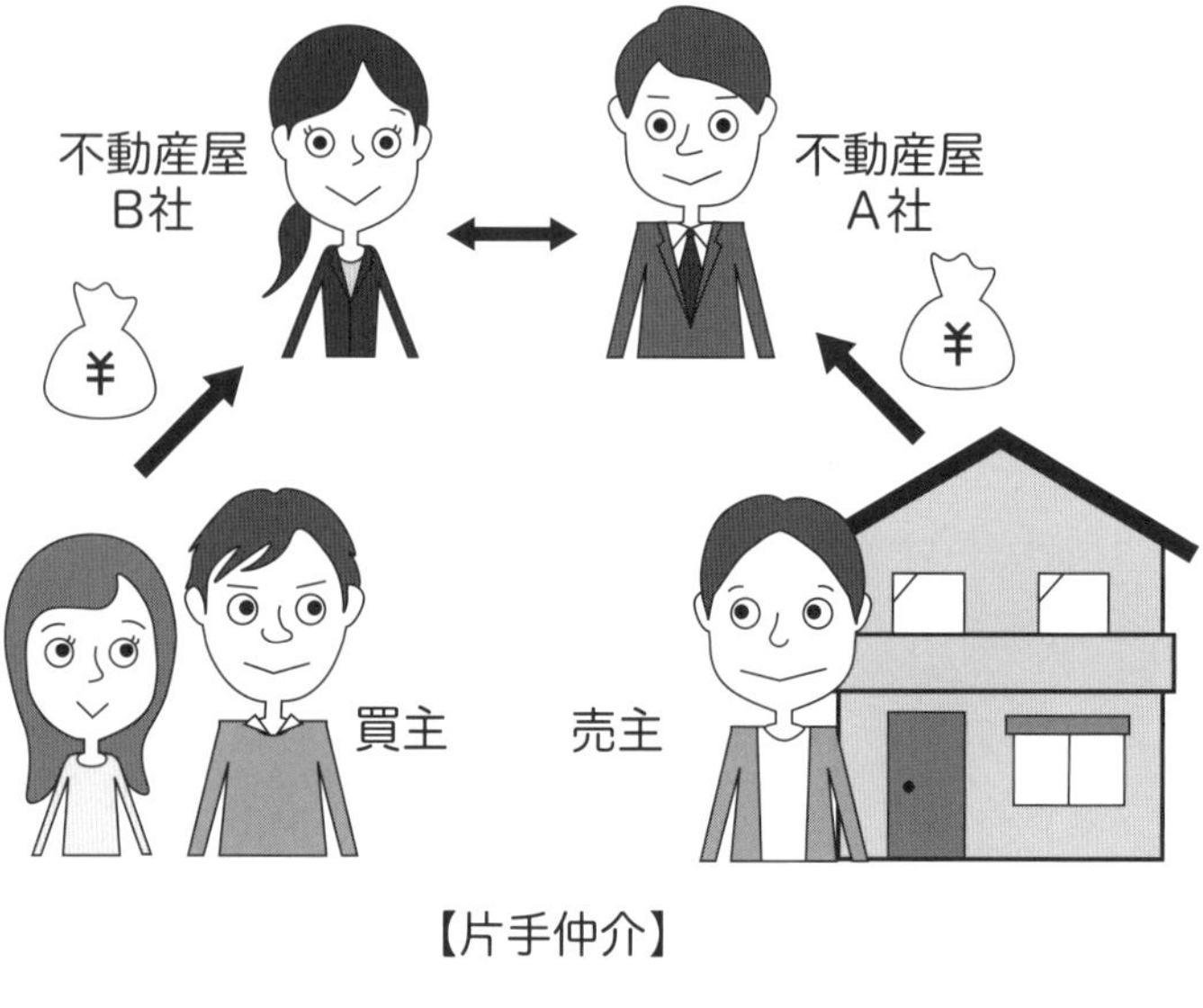
不動産屋
B社
不動産屋
A社
¥
¥
買主
売主

【片手仲介】

ここまで、大手不動産会社、地元不動産会社のメリット、デメリットを紹介してきましたが、ハッキリ言って一長一短です。どちらかが明らかに優れているとは言えません。
そこで、お勧めするのは、会社の規模ではなく、売却に関する能力があるかどうかで選ぶことです。

【不動産売却の能力で会社を選ぶ】

①売却のノウハウを持っている会社

例えば、建物の健康診断（インスペクション）を行い診断書を付けて売り出すサービスや、売った後の建物の不具合を保険でカバーする瑕疵《かし》保険を付ける等、売却に特化した提案ができる会社を選ぶようにしてください。

こういった、インスペクション、瑕疵保険の話をすぐに理解できる営業マンであれば、売却のノウハウがあると言えるでしょう。

ただ単に「高く売るから任せてください」という口先だけの中身のない営業マンは危険です。

②ネットに強い会社

今や、家の購入を検討している人はスマホで探しています。

家を売るための宣伝は、「スーモ（ＳＵＭＯ）」などの不動産情報サイトに掲載するネット広告が主流です。ネットに強いと言っても「自社ホームページに載せますから大丈夫です」という会社はＮＧです。必ず不動産情報サイトに掲載してくれる会社を選びましょう。

それと、「レインズ」をしっかりと活用してくれる会社。これは絶対条件のマストです。レインズに登録すると、物件情報が日本中に広く拡散されるため、大手・地元による情報拡散の差は一切なくなります。

③片手仲介で売却してくれる会社

両手仲介は、売れるまでに時間がかかりますし、値引きを強要されるため注意が必要です。レインズを活用するということは、情報の独占をしないということになります。

情報が独占できないため両手仲介は難しくなり、必然的に片手仲介になります。片手仲介でも一生懸命やってくれる会社に依頼しましょう。

❹ 売却成功のカギ、結局は○○次第

不動産会社選びは非常に重要ですが、どんなに優れた会社を選んだとしても、担当する営業マンが優秀でないと、まったく意味はありません。売却が成功するかどうかのカギを握っているのは、不動産会社ではなく、実は営業マンなのです。

優れた営業マンと出会えるかどうかで、売却の成功が左右されてしまいます。言い換えれば、成功させるためには、優れた営業マンがいれば、会社はどこでも構わないのです。

不動産売却は、営業マンの力で決まってしまうといってもいいでしょう。

一般的に不動産の売却では、査定から成約に至るまで、すべての業務を一人の営業マンが担当することが多いです。そのため、その一人の能力によって売却の成果が大きく影響を受けることになります。

会社よりも個人の力が大きく影響してしまうからこそ、営業マン選びは失敗できないのです。

不動産売却では、会社選びよりも、営業マン選びのほうが圧倒的に重要な理由は次の2つです。

【会社選びより営業マン選びのほうが重要な理由】

①営業担当者が見に来るから

あなたの家を見に来るのは、営業マンです。不動産会社ではありません。物件を見て査定する営業マンの能力が低いと、高く売れる物件も安く売られてしまいます。

②実際に売るのは営業担当者

あなたの希望を聞いて、買い主を探してくれるのは営業マンです。会社ではありません。どんなに規模が大きくて資金力のある会社であったとしても、営業マンが無能だと、良い買主を見つけてくることはできません。

では、どうすれば、優秀な営業マンと出会えるのでしょうか?

良い営業マンかどうかを判断する、3つのポイントをお伝えします。

【良い営業マンかどうか判断するポイント】

①不動産売却に関する知識を持っている

多くの不動産営業マンは購入希望のお客様を対象にしています。実は、家を売りたい方をサポートする営業マンは少ないのです。なぜなら売却は購入よりも複雑で、営業マンには専門的な知識が必要になるからです。

高く売るためには、売却の戦略や税制など、さまざまな制度を深く知る必要があります。ただの熱意だけでは、売却を成功に導くことは難しいのです。

②コミュニケーション力が高い

いくら売却の知識を持っていても、コミュニケーション能力が低いと、難しい不動産の知識をわかりやすく、あなたや購入希望者に伝えることはできません。

不動産業界には多くの専門用語がありますし、それをかみ砕いて伝える情報伝達能力が必要です。

③仕事の段取りがいい

意外と見過ごされがちですが、営業マンの段取りがいいかどうかは、とても重要です。

売却期間は、平均6ヶ月かかりますが、もっと長引くこともあるので、段取りが悪い営業マンだとストレスが溜まってしまいます。

初めての売却だと知らないことばかりです。

次にやることは何か？　自分は何をしたら良いのか？

営業マンが早目に準備や、説明をしてくれると安心できるのですが、こちらから催促するまで動かないような、気の利かない営業マンはダメです。

この3つのポイントを満たしている営業マンであれば安心して売却を任せられますが、満たしているかどうかの判断は、あなた自身で見極めなければなりません。

もし、営業マンが、高く、早く売るための販売戦略をしっかりと説明してくれたなら、売却の専門知識を持っていると判断できるでしょう。そして、その説明がわかりやすかったなら、高いコミュニケーション力があると判断できます。

また、出会うまでの電話での話し方や、メール対応などのやりとりがストレスなくできるようであれば、段取りも良いと言えるでしょう。

よくあるのが、営業マンの感じが良かったので売却を頼んだけれど、依頼したとたんに、早く売ったほうがいいとか、急かしたり、煽ったりしてくることがあります。このような行為は危険サインです。

彼らは売主のあなたのことより、自分の営業成績のことしか考えていない可能性が高いです。もし急かされたり煽られたりした場合には、別の不動産会社に変えることを検討しましょう。

不動産売却は大きなお金が動く取引です。無能な営業マンに振り回されると何百万円もの損失を被ってしまいます。

営業マンの選定は難しいかもしれませんが、前述の点を考慮して慎重に選択することが大切です。

❺ 訪問査定で不動産会社を見極めろ

不動産会社は営業マンで決めることがポイントですが、この営業マンと初めて対面するのが訪問査定になります。ですから、訪問査定は営業マンを見極める絶好のチャンスと言えるでしょう。

そこで、次の3つの点を営業マンに確認してみてください。これによりデキるかどうかが判断できます。

①査定価格の根拠を聞く

営業マンの中には、ほかのライバル会社を出し抜いて、自社を選んで貰うがために、相場よりかなり高額な査定価格を出す、煽り査定をする者もいます。

もちろん、そんな価格では売れません。ですから、査定価格の根拠と、いつまでに売れると考えているのかを必ず聞いてください。納得のいく回答が得られないのなら、この営業マンは失格です。

②販売戦略を聞く

中古住宅は物件ごとに状態が異なるものです。経年劣化による傷み具合や、リフォーム状況によって物件に適した販売戦略を立てる必要があります。そのため、営業マンには中古住宅を売却する知識が求められるのです。

例えば、「既存住宅売買瑕疵保険」、「インスペクション」、「安心R住宅」などを提案できるかどうかは、その営業マンの質を判断するポイントになるでしょう。

③集客方法を聞く

「レインズ」を活用して、全国の不動産会社にしっかりと情報発信してくれるのかを聞きましょう。レインズを使っていない、もしくは積極的に活用していないのであれば要注意です。

〝営業マンあるある〟でよく耳にするのが、「ウチには買いたいお客様が沢山いるから任せてください」というセリフです。

この言葉を聞くと、まるで今すぐにでも売れそうな気がしますが、彼らの言うお客様とは、単にそのエリア内で家を探している人であり、あなたの家が売り出されるのを待っている人ではないのです。

もし、あなたの家が超人気のタワーマンションなら話は別かもしれませんが、あなたの家はどうでしょうか？

ポストに「このマンションを買いたい人がいます」というチラシが入っているからといって、それが人気物件というわけではありません。

チラシは、単なる営業チラシです。あたかも欲しい人がいるかのように書かれていますが、あれは、売り物件を手に入れるためのウソのチラシですから絶対に鵜呑みにしてはいけません。

❻ 媒介契約って何？

「媒介《ばいかい》」って聞いたことありますか？

売買《ばいばい》や仲介は聞いたことがあると思いますが、媒介とは何でしょうか？

不動産取引では、売主と買主の間を不動産会社が仲立ちすることを「仲介」または「媒介」と言うのです。

「仲介」も「媒介」も同じ意味なのですが、契約の時には「媒介」という言葉を使います。そして「媒介」と「売買」、こちらも同じように聞こえますが意味は違います。

売主が「家を売るお手伝いをしてください。売れたら報酬を払います」と不動産会社との間で取り交わすのが「媒介契約」です。

買主が見つかって、売主（あなた）と買主（購入する人）との間で取り交わすのが「売買契約」となります。

不動産を売却する時、自分で買主（購入する人）を探すことは困難です。書類の作成や手続きは大変なため、不動産会社に「物件を売るのを手伝ってください」と、手伝ってもらう（仲介してもらう）のが一般的です。

売主は、不動産会社に仲介業務を依頼して、売買が成立すると仲介手数料を支払います。不動産会社は仲介業務を行いますが、売主のために何でもかんでもやってくれるわけではありません。

不動産会社が行ってくれるサービス内容には範囲があります。「ここからここまでは責任を持ってお手伝いします」というふうに約束事を明確にして書面化しておくのが「媒介契約」なのです。

媒介契約書には、契約の種類、有効期間、不動産会社の業務内容、売り出し価格、仲介手数料、解除する場合の取り決め等が記載されており、売主と不動産会社が、記名・押印して契約を取り交わします。

不動産会社の販売活動のやり方は各社で異なることも多いため、わからないことは契約前に担当者に確認しておきましょう。

契約書は専門用語も多いですが、内容をしっかりと理解しておくことで、後になって「聞いていなかった」などのトラブルを防ぐことができます。

仲介内容を記載した書面は、不動産会社から売主に渡すよう義務付けられていますので、契約を交わす前に、内容を確認したうえで締結するようにしましょう。

❼ 媒介契約を徹底比較！ 一般・専任・専属専任、選ぶならコレだ！

不動産を売却する際には、適切な媒介契約を選ぶことが大切です。媒介契約には「一般媒介」「専任媒介」「専属専任媒介」の３種類の契約方法がありますので、それぞれの特徴を比較してみましょう。

①一般媒介契約

最も売主の自由度が高いことが特徴です。自由度が高いって聞くと何か良さそうに思いますが、不利な面もありますので、ひとつずつわかりやすく解説していきます。

●複数の不動産会社に依頼できる

これが、一般媒介契約の最も大きな特徴です。ほかの２つ、「専任媒介」「専属専任媒介」では１社にしか売却を依頼することはできません。

もし、あなたが複数の会社に売却を依頼したいのであれば、一般媒介になります。

一般媒介では1社に絞って依頼してもいいですし、極端な場合、10社以上に依頼をしても問題はありません。

●自分でも買主を探せる

家の売却を、不動産会社に依頼しておきながら、「ウチの家が欲しい人がいた」と、自分で買主を見つけてきて、不動産会社を介さずに直接取引する方法を「自己発見取引」と言います。

一般媒介ではこの「自己発見取引」をすることが認められています。自分で買主を見つけてきた「自己発見取引」の場合は、不動産会社に仲介手数料を支払う必要がありませんので大きな節約に繋がります。

●契約期間は無制限

一般媒介の場合は契約期間に制限がないので、売れるまでの間、ずっと契約を続けることができます。もちろん、不動産会社がイマイチだと感じたら、いつでも解約できますので、自分のペースで売却を進められます。

●「レインズ」への登録義務がない

一般媒介だけはレインズへの物件登録の義務がありません。しかし、レインズに登録しないと、情報発信という点ではハンデとなりますので、一般媒介でも不動産会社に依頼して登録してもらうようにしましょう。

一方で、「不動産を売りに出していることを絶対に知られたくない」という場合は、レインズへ登録しないほうが、周囲に知られずにコッソリと売却を進めることができます。

●売却状況の報告義務がない

不動産会社は、売主に対してどんな販売活動をしているのか定期的に報告する義務があります。しかし一般媒介では、その義務がないので、「どんな販売活動をしている」「何件の問い合わせがあった」といった不動産会社からの情報が得られません。

もし売却状況が知りたければ自分から不動産会社へ連絡して確認する必要があります。

●仲介手数料は同じ

一般媒介で複数の会社に依頼すると、仲介手数料が多くかかるんじゃないの？　と不安に思うかもしれませんが、その心配はいりません。一般媒介とほかの媒介契約とで仲介手数料に違いはありません。仲介手数料は売買契約が成立した時のみ支払いますので、３つの媒介契約のどれを選んでも、最終的に不動産会社に支払う仲介手数料は同じです。

【一般媒介の特徴】

一般媒介は複数社と契約をするため、不動産会社からすると、どれほど売却活動に力を入れていても最終的な利益が他社に流れてしまうリスクがあります。そのため、広告費やスタッフの配置など、宣伝活動に本格的に取り組むことが難しい状況になります。

そのため、人気物件でなければ、売却までに時間がかかるだけでなく希望価格に届かない金額で売ることにもなりかねません。家を売るのが初めてという方には、一般媒介はお勧めしません。

反対に、何度か家を売った方や、投資用の収益物件を売り買いしてるなど、売却の経験がある方なら、一般媒介にして自分で管理するのも良いでしょう。

【一般媒介契約がオススメな人】

●人気エリアで築浅、駅近など好物件の場合

好条件の物件なら、一般媒介契約のほうが早く売却できるケースもあります。

●売却活動に時間と労力をかけられる人

不動産会社からは営業活動の報告がないため、売主から不動産会社に問い合わせする必要があり手間がかかります。また、複数の会社とやり取りする時間や知識も必要なので、売却に慣れている人にオススメです。

●秘密に不動産を売却したい人

人に知られず不動産を売却したい場合は、レインズに登録しない一般媒介契約がいいでしょう。

②専任媒介契約

結論から言うと、初めて不動産を売却するのであれば、３種類の中で一番オススメの契約になります。

●契約できるのは1社

専任媒介契約では、契約できる不動産会社は1社のみです。この契約により不動産会社はあなたの家の売却に専念します。

ホームステージングやハウスクリーニングなどのサービス、買取保証などの特典を受けることもできます。ただし、契約期間中はほかの不動産会社への依頼はできません。忠実に1社との契約を守ることが大切です。ほかの会社に浮気してはいけないということです。

●自分でも買主を探せる

自己発見取引が認められているため、自分で買主を見つけた場合は不動産会社に仲介手数料を支払わずに売却することができます。

●「レインズ」への登録義務がある

専任媒介契約では不動産会社は売主と独占契約しているので、公正で透明な取引を促進するためにレインズへの登録が義務付けられています。

レインズに登録すると全国の不動産会社へ物件情報が行きわたるため、他者も販売活動を始めます。これが「囲い込み※」の抑制になり、早く売れる可能性が高まるのです。

専任媒介契約の場合は、契約日から7日以内に依頼された物件情報を「レインズ」に登録することが義務付けられています。

※囲い込み…ほかの不動産会社を排除して売却を独占する手法。不正で、公正な取引を阻害する悪質行為のこと。

（150ページ参照）

●営業活動状況の報告義務

不動産会社は2週間に1回以上、物件の販売状況報告を行います。

売主には問い合わせ件数や、案内回数などが報告されます。報告は電話やメールなどで受け取ることができます。2週間ごとに販売状況が報告されるため、売却の見込みや状況を把握できます。

●契約期間は3ヶ月以内

専任媒介契約の契約期間は、法律で上限3ヶ月までと決められています。

3ヶ月の契約期間が終わると、契約を更新するか、ほかの不動産会社に契約を切り替えるか、選択することができます。

●契約の解除

専任媒介契約では、契約期間が設定されており、通常は途中解除ができません。途中解除する場合には、違約金の支払いが求められることもあります。ただし、一部の場合では契約期間中でも解除が可能です。

〈不動産会社に問題がある場合〉

例えば、「レインズ」の登録を怠る、営業活動報告がない、販売活動していないなど、契約違反や不十分な対応がある場合は、契約期間の3ヶ月を待たずに解除できます。

〈やむを得ない事情がある場合〉

例えば、「転勤がなくなり売却の必要がなくなった」などの理由であれば、不動産会社から違約金やペナルティは求められません。もし、契約解除時にペナルティとして違約金を請求されそうな場合は、3ヶ月の契約期間終了まで待つことがベストです。

もし解約前にほかの業者と媒介契約して取引を成立させると、契約違反行為になるので注意してください。

●専任媒介の特徴

専任媒介契約の特徴は、1社のみと契約するため、窓口がひとつになり売却活動がスムーズに進むことです。ほかの不動産会社や買主からの問い合わせなど、面倒なやり取りはすべて依頼した不動産会社が対応してくれます。

ただし、担当営業マンの力量次第で結果が大きく左右されるため、デキの悪い営業マンだと、売却までに時間がかかったり、低価格で売却される可能性があります。また、1社のみとの契約になるため「囲い込み」のリスクにも注意が必要です。

【専任媒介契約がオススメの人】

・忙しくて自分で売却活動を管理するのは難しい
・できるだけ早く売りたい
・築年数が古い、または人気のないエリアの物件
・友人や知人に売却する可能性がある

・高値で売りたいので不動産会社のサポートを利用したい
・初めての不動産売却で不安がある
これらの項目にひとつでも当てはまるなら専任媒介契約がオススメです。あなたの手間を減らし、効率的に売却を進めることができるでしょう。また、不動産会社の専門知識やネットワークを活かして、迅速な売却や適切な価格設定を実現することも期待できます。

売却に関する不安や質問がある場合でも、不動産会社が丁寧にサポートしてくれるので安心です。

③専属専任媒介契約（以後、「専属専任」と表記）

専属専任は、基本的な内容は専任と同じなのですが、不動産会社側が有利になる条件が盛り込まれているため、売主にとっては厳しい契約内容になります。

●契約できるのは1社

ひとつの不動産会社のみに売却活動を依頼できます。契約中は別の不動産会社に売却活動を依頼することはできません。

●自己発見取引ができない

売主が自分で買主を見つけてきても直接売買することはできません。

これが専属専任最大のデメリットとも言えます。自分で購入希望者を見つけた場合でも不動産会社の仲介を通さなければなりません。そのため、仲介手数料は必ず支払うことになります。

もし、不動産会社を通さずに売却した場合は、違約金として本来支払うべき仲介手数料を請求されてしまいます。

●契約期間は3ヶ月以内

3ヶ月ごとに契約を更新するもしくは終了するかを決めます。

●契約の解除

契約期間中は原則解除できません。しかし「不動産会社に問題がある場合」「やむを得ない事情がある場合」は解除可能です。ただし、途中解除にはいろいろと条件もあるので、3ヶ月の契約期間満了を待って終了するのがオススメです。

●レインズへの登録義務

不動産会社は契約日から5日以内に依頼された物件情報を「レインズ」に登録することが義務付けられています。

●営業活動状況の報告義務

不動産会社は1週間に1回以上、売主に販売状況を報告する義務があります。毎週報告してもらえるのは売る側にとって安心材料になります。

●専属専任媒介契約の特徴

不動産会社にとって有利な契約になります。専属専任だと、売主は1社にしか売却を依頼できない、かつ自己発見取引もできません。ですから、任された不動産会社は、買い手さえ見つかれば、必ず仲介手数料が受け取れます。

そのため、不動産会社は、広告宣伝費や人件費がたくさんかかったとしても、仲介手数料で賄《まかな》えるので、積極的に販売活動を行うことができると言えるでしょう。しかし、それを逆手に取り、一生懸命、売却活動をしない会社もあります。会社によって取り組み方にバラつきがあるので注意が必要です。

【専属専任媒介契約がオススメの人】

売却状況を常に把握しておきたい人に向いています。

売却活動の報告が1週間に一度以上ありますので、常に売却の進捗《しんちょく》が気になって仕方がないという人は、専属専任が向いています。

それよりも自己発見取引ができないというデメリットのほうが大きいので、あえて専属専任媒介契約を選ぶ必要はないと言えます。

◎媒介契約の種類で悩んだ時には

媒介契約の選択に迷ったら、「専任媒介契約」を選びましょう。

信頼できる営業マンがいる売却に強い会社と「専任媒介契約」を結ぶことをオススメします。売却活動に力を入れてもらえますし、独自のサービスを提供してくれる会社もあります。そのため、家が売れやすく希望金額に近い価格で売却することも可能です。

また、自己発見取引が認められているため、自分で買主を探して取引することも可能です。そういったことから、「専任媒介契約」が、売主・不動産会社の双方にとって一番バランスが良い契約だと言えるでしょう。

ただし、1社だけとの契約になるため、優良な不動産会社かどうかをしっかりと見極めたうえで契約を結ぶようにしてください。

専属専任は、専任と同じような条件にも関わらず売主の自由度が低いので、お勧めできません。基本的に不動産売却は、専任で十分対応してもらえます。わざわざ専属専任を選ぶ理由はありません。

それにも関わらず、専属専任での契約を迫ってくる営業マンには要注意です。

こういう営業マンは両手仲介を狙った「囲い込み」をする可能性が高いので断ったほう

がいいでしょう。（１５０ページ参照）

	一般媒介契約	専任媒介契約	専属専任媒介契約
複数社への依頼	○	×	×
自己発見取引	○	○	×
契約期間	規定なし	3ヶ月	3ヶ月
レインズ登録義務	なし	7営業日以内	5営業日以内
売却状況の報告	報告義務なし	2週間に1回以上	1週間に1回以上

第4章

売る前にリフォームするな!

❶不動産売却にかかる費用

不動産を売るにはお金がかかることをご存知でしたか？

不動産会社に売却を依頼すると、仲介手数料が必要とお伝えしましたが、それ以外にもさまざまな費用がかかってきます。

では、具体的にどのような費用が必要なのかを見てみましょう。

【不動産売却にかかる費用】

①仲介手数料

不動産会社に依頼して売却が成立すると、報酬として仲介手数料が発生します。

この仲介手数料には上限金額が決められているため、不動産会社はこれ以上報酬を受け取ってはいけないことになっています。

売却価格	仲介手数料
200万円以下	（売却価格×5％）＋消費税
200万円超～400万円以下	（売却価格×4％＋2万円）＋消費税
400万円超	（売却価格×3％＋6万円）＋消費税

【例】3000万円で家が売れた場合

（3000万円×3％＋6万円）＋消費税10％＝105万6000円

②税金

不動産の売却時にかかる大きな費用のひとつが「税金」です。

税金には特定の条件を満たすことで負担が軽減される特例があるため、これが適用できると売却で得られる利益を最大化することができます。

まず、1つ目の特例は「**3000万円特別控除の特例**」です。

この特例を受けることで、物件を売却した際、3000万円までの儲けについては税金（所得税）がかからなくなります。これは、一番節税効果が高い特例とされています。

2つ目の特例は、「**10年超所有軽減税率の特例**」です。

所有期間が10年を超えていた物件を売却した時に適用されます。所有していた家を売却し、利益が出た場合、通常は20％の税金が課税されますが、この特例を使うことで、税率を14％に軽減できます。

さらに、3000万円特別控除の特例と併せて使うことができ、3000万円以上の儲けについても節税効果が期待できます。ただし、これらの特例にはさまざまな適用条件があります。

ここでは、「3000万円特別控除の特例」や「10年以上所有軽減税率の特例」があることを覚えておきましょう。

もうひとつ、負担を減らす方法として、**「特定居住用財産の買い換え特例」**という制度があります。

この制度は、自分の持家を売却して、より高額な家を購入した場合に適用されます。

例えば、あなたが1000万円で買ったマイホームを5000万円で売却し、そのお金で7000万円の新しい家を購入した場合を考えてみましょう。

この場合、あなたには4000万円の儲けがあるため、通常はこの儲けに対して課税されます。しかし、この買い替え特例を使うと、税金の支払いを先延ばししてもらえるため、今すぐに税金を支払う必要がありません。

具体的には、新たに購入した7000万円の家を売却するまで、税金の支払いを待ってもらえるということです。

例えば、4000万円の儲けに対しての税率が20％だとすると、税金は800万円にもなりますが、この制度を使うと今すぐ支払う必要はありません。

将来、新たに購入した家を売却する時まで税金の支払いを先延ばしにできるため、資金に余裕が生まれます。税金の負担を減らす方法として、買い替え特例は非常に魅力的な制度ですので、条件の合う方は是非活用してください！

※これら税金の特例を受けるには、適用条件等があります。詳細については国税庁ホームページでご確認ください。

❷ 仲介手数料の実態

実は、仲介手数料には上限はありますが、下限は決まっていないのです。いくらにするかは、不動産会社が自由に決めることができるのです。そのため、仲介手数料を割り引きする会社も存在します。

「じゃあ仲介手数料は、値引きしてもらえるの？」となるのですが、むやみに値引き交渉するのはあまりお勧めできません。

なぜなら、仲介手数料の中には、広告宣伝費用、契約書作成費用、査定費用、営業活動費用などあらゆる経費が含まれています。そのため、そこを値引き交渉してしまうと熱心に販売活動をしない可能性が出てくるからです。

特に地方や郊外の場合は不動産の価格自体が低いため、仲介手数料も低くなります。

さらに、不動産取引の数も少ないため、仲介手数料を値引きすると商売にならない不動産会社もありますから、値引きは得策ではありません。

それよりも、仲介手数料は満額支払って、しっかり働いてもらったほうが、結果的には高く売れますから、手元に残る利益はそちらのほうが多くなるかもしれません。

都会の人気エリアでは、物件自体がかなり高額ですから、それに比例して仲介手数料も高額になりますので、仲介手数料を値引きしてくれる会社も存在します。

ただし、仲介手数料を値引きしてもらう場合には、不動産会社にとっても有利になる条件が必要になってきます。

例えば、不動産会社に売却を頼む時に、「あなたの会社にしか売却は依頼しません。ほかの不動産会社には頼みませんから手数料を値引きしてください」と言って「専属専任媒介」で契約するなど双方にとっても納得できる方法をとる必要があります。

❸ 仲介手数料無料の罠

売却時の「仲介手数料は無料」を謳っている不動産会社がいるのをご存じでしょうか？

実は、この背後には両手取引の問題が潜んでいるのです。

不動産会社は、売主の仲介手数料を無料にした場合、報酬が入りませんから赤字になってしまいます。そうなると商売として成り立たないので、必ず両手取引をして買主から仲介手数料をもらう必要があります。

一見すると、売主にとっては手数料が無料なのでお得なようにも思えますが、惑わされてはいけません。不動産会社は両手取引を成立させるために自分たちが見つけてきた買主に買わせるよう、強引に取引を進めます。

すると、不動産会社は売主の味方ではなく、買主側の味方になってしまい、販売価格を安くするように売主に対して値引きを迫ってきます。

こうなると、仲介手数料の無料分より、販売価格を値引きさせられてしまい、結局は安売りして損することになりかねません。

仲介手数料の値引きに関しては、人気エリアでスグに売れるような物件以外は、迫らないほうがいいと言われています。

手元にお金を多く残したいのであれば、仲介手数料の値引きではなく、本来の目的である、「高く売ってもらう」ことが重要なのです。

仲介手数料無料の言葉に惑わされて損しないように注意しましょう。

❹ 不動産売却にかかる日数

不動産を売り始めてから売れるまで、どれくらいの期間がかかるのかご存知ですか？

もちろん物件条件によっても変わりますが、大体これくらいかな？　という目安は欲しいものです。いつになったら売れるのか全然わからないと、売却後のスケジュールも組みにくいです。売却期限が決まっている場合だと、いつから売り始めないと間に合わないのかもわかりません。

そこでこの項では、実際に、不動産が売れるまで、どれくらいの期間が必要なのかを見ていきましょう。

不動産査定 ⇨ 媒介契約 ⇨ 売却活動 ⇨ 売買契約 ⇨ 引き渡し

0.5〜1ヶ月　3〜6ヶ月　1〜2ヶ月

不動産を「売ろうかな？」と思ってから引き渡しするまでは、次のような流れになります。

不動産の売却は、平均すると、売れるまでに6ヶ月かかるとされています。しかし、この平均日数はそんなに意識する必要はありません。実際には、売れるまでの期間を、３ヶ月、６ヶ月、９ヶ月、１年、１年半と期間を分けて成約件数を見てみると、そんなに大きな差はありません。要するにスピード売却から長期化したものまで、さまざまなケースがあるということです。

売主からすると「早く売りたい」という気持ちもあるけれど、「少しでも高く売りたい」という気持ちもあるので、どうしても高めの金額で売り出してしまいます。そうなると、やはり売れるまでに時間がかかってしまうのです。

中古住宅の売却は、広告を出してから買い手が現れるまで、３ヶ月ほど時間がかかると言われています。これは、家探しをしている人へ売却物件の情報が届き、買うかどうかを検討して購入に踏み切るまでには、それなりに時間が必要だからです。

もし、広告を出して1ヶ月しか経っていないのなら、まだ買いたい人の目に触れていない可能性があるので、もう少し待って様子を伺う必要があります。

もし、あなたが短期間で売りたいのであれば、市場相場より安く売り出す必要があります。

不動産の売却で時間がかかってしまうのは、売り出し価格が高すぎる場合です。買い手が見つかるまでに半年以上かかることもあります。市場相場を無視して高すぎる価格で売り出すと、売れない日が長く続いてしまいます。

売り出し開始から3ヶ月以上経っても問い合わせがなく、反響が悪い場合は、販売価格を値下げするなど、売却活動の見直しが必要になってきます。

不動産の売れやすさは、マンションや戸建て、築年数、エリアによっても異なるのですが、共通して言えることは、どの不動産でも、早く売りたい場合は、市場に応じた適正価格で売り出すことが重要だということです。

不動産が売れるためには、購入希望者が「この価格なら買いたい」と、納得できる販売価格に設定する必要があります。そのためには、自分の不動産がどの程度の価値があるのかを正確に把握することが大切です。

自分の想いだけで販売価格を設定すると、思い入れが強くなってしまい高くなりがちです。そうならないためには、不動産会社から厳しめの査定価格を提示してもらって、販売価格を設定するようにしましょう。

売主自身が相場を把握し、査定結果を冷静に判断し、適正価格で売り出すことが大切です。

もちろん、適正価格で売り出したとしても、物件条件によっては時間がかかってしまうこともあります。

売却期間が長くなりがちなのは、古い戸建て住宅、人気のないエリア、競合物件が多い、というケースです。こういった物件の場合は、思い切って値下げをするなど対策が必要になってきます。

一般的に、不動産の売却期間が長くなる原因は、売り出し価格が高すぎることです。早く売りたいのであれば、初めから適正価格で売り出すことがポイントです。

それでもいつ売れるかは売れるまでわかりませんので、売却期間には余裕をもって焦らずに売却するようにしましょう。

❺ 売る前にリフォームするな！

家を売ろうと思った時、そのままで売るより、リフォームして綺麗にしてから売りに出したほうが、高く売れそうな気がしませんか？

実際、「ＳＵＵＭＯ（スーモ）」などの不動産情報サイトには、リフォームされてキレイになった中古物件がたくさん販売されています。特にマンションの場合は、「全面リフォーム済」や「リノベーション済」といった形で販売されているのをよく見かけます。

では、なぜこんなに多くのリフォーム済物件があるのでしょうか？

それは、リフォームしたほうが売れやすいからです。

「なるほど〜、やっぱりそうか〜。じゃあ、自分もリフォームして高く売ろう！」

ちょっと待ってください！

どんな家でもリフォームしたらいいというわけではないのです。

実は、リフォームせずにそのままの状態で売るほうが得することが多いのです。

その理由を説明しましょう。

まず、大がかりなリフォームをすると、かなりの費用がかかります。そのリフォーム費用を物件価格に上乗せして、売りに出すと、相場価格よりも高くなってしまうため、逆に売れにくくなってしまうのです。

しかし現実には、リフォーム済み物件はたくさん販売されていますから、不思議に思いますよね。

実は、こういった「リフォーム済物件」は、不動産業者が安く買取した物件をそのままでは売れ行きが悪いためにリフォームをして見栄えを良くして販売しているのです。

リフォーム済物件の売主は不動産会社であって、一般の人が売っているわけではないのです。

不動産会社は一般の人よりも安く仕入れていますし、リフォーム費用も業者価格で施工できるため、利益を上乗せしても市場相場の範囲内で販売することができるのです。

このような事情があるので、不動産会社所有のリフォーム済物件は売れているのです。

それを同じように、一般の人が真似してリフォーム費用をそのまま販売価格に上乗せすると、相場よりも高くなってしまうから売れないのです。

一般の人が、〝リフォームして売るのは止めましょう〟ということです。

【リフォームしないほうがいい理由】

①高いお金をかけても売却価格にプラスできない

大がかりなリフォーム工事をして高く売ろうとしても、うまくいかないのが現実です。近隣の相場よりも高くなってしまい、「中古は安い!!」という魅力が減り、逆に売れにくくなります。

「リフォーム費用は上乗せすればいい」「キレイな家ならすぐに高く売れる」といった安易な考えでは損してしまいます。

②マンションの価格は内装のキレイさより築年数で決まる

中古マンションを探している人は、地域、価格、築年数で検索しています。

例えば、築3年の内装が汚れたマンションと、築35年のリフォームされたマンションが同価格で販売されていると、買い手は築3年の物件を選ぶでしょう。いくらキレイにリフォームされていても、築浅《ちくあさ》の物件と同レベルまで価値を引き上げることは難しいのです。

新しい物件ほど安心して長く住めるため、中古物件としての価値は高くなります。

古い物件をリフォームして見栄えを良くしても、いつまで住めるのか不安が残るため、リフォーム費用に見合うだけの売却額アップは見込めないのが現状です。

③リノベーション目的で購入する人が多い

最近は、自分の好みに合わせたリノベーションをすること前提で、古くてもいいから安い中古物件を探している人も多くいます。中古を買ってリノベーションをする人は、リフォーム済みのキレイな物件よりも、少々古くてもいいから安い価格の物件を好みます。

ここまで、売却前にリフォームはしないほうが良いと伝えてきましたが、プチリフォームをするのは有効です。費用に見合った効果が期待できます。

例えば、部屋の壁紙が剥がれていたり、襖《ふすま》や障子が破れている場合は、リフォームで直しておきましょう。

壁紙や襖は建物の表面部分ですから建物自体に問題はないのですが、見た目が傷んでいると建物全体の印象が悪くなり、値下げの対象になってしまいます。

家は高価なものですから、値下げ交渉も数十万〜数百万円という大きな金額になります。

そうならないためにも、少し費用をかけてリフォームを行い見た目をキレイにして、値下げ交渉を回避しましょう。

水回りのリフォームは高額になりがちで手をつけづらいですが、プチリフォームでしたら少額で済みますし、ほかの物件との差別化を図ることにも繋がります。

プチリフォームは売却するためだけに行うので、通常のリフォームとは捉え方が異なります。どこまでやるのかは、不動産会社と相談しながら決めましょう。

❻ 中古住宅はインスペクションで高く売れ

「インスペクション」とは、住宅版の健康診断です。

中古住宅の状態を専門家が調査し、劣化している箇所や欠陥を報告してくれます。その際、不具合があれば修繕のアドバイスもしてもらえます。

このインスペクションは中古住宅の売買が活発なアメリカが発祥で、買主が家を買う前に実施することが一般的です。

インスペクションでは専門家が建物の骨組みとなる箇所や、雨が入りそうな箇所を調査します。床下や屋根裏調査も行うため、住んでいる人でも気づかなかったシロアリの被害や雨漏りなども確認することができます。

費用は、建物の大きさによって異なりますが、5～6万円程度で、検査時間は2～3時間です。

このインスペクションですが、実は買い手だけでなく、売り手にもメリットがあるのです。

買い手は、購入する家がどのような状態なのか心配するものです。そこで、売り手が予めインスペクションを行って、その結果を公開すれば、買い手は安心して購入することができます。

また、インスペクションで不具合が見つかった場合でも、売り出す前に修繕しておけば買い手から値引き交渉されることもありません。つまり、売り手がインスペクションを行うと、買い手の信頼を得られ、高値で売ることができるということです。

【インスペクションを受けることによるメリット】

①高く売れる

インスペクション済みの物件は、買主が安心して購入できるため早く売れる可能性が高くなります。もし、不具合が見つかった場合でも、修繕することで査定よりも高く売れる場合があります。

②安心して売れる

売主は契約不適合責任を負うことになるため、売却前にインスペクションを受けることで、自分の建物の状況を把握でき、安心して売却することができます。

もし、インスペクションを受けて不具合が見つかった場合でも、売買契約書にそのことを記載して伝えておけば責任を回避することができるため、売却後のトラブルを防げます。

③保険に入れる

インスペクションに合格することで、「既存住宅売買瑕疵保険」に加入できます。

保険に加入していると、建物に何か不具合があった場合でも保険でカバーしてもらえるため、買主は安心して購入することができます。

また、売主も保険に加入していると、万が一、売った後に大きな欠陥が見つかった場合でも、保険で修繕費用をカバーできるため、リスクヘッジになります。

このように、インスペクションは売主、買主双方にとってメリットのある有効な手段なのです。しかし、デメリットもあります。

【インスペクションを受けることによるデメリット】

①検査費用がかかる

インスペクションは義務ではありません。やらなくても売却は可能ですから、費用を払ってまでインスペクションすることに否定的な人には向いていません。

②修繕費用がかかる場合がある

インスペクションに合格してから売却しようとすると、不合格になった部分を修繕する必要があります。修繕するかどうかは売主の自由ですが、修繕しなかった場合は、その不具合の部分は値引きの対象になってしまいます。

③売却価格が下がる可能性がある

インスペクションによって不具合が見つかると、その分、安くしないと売れなくなり、売却価格が下がる場合があります。不合格でも買主がＯＫすれば売れるのですが、そうでない場合は値下げする必要があります。

インスペクションは、建物の状態によって必要かどうかが異なってきます。例えば、解体することが決まっているような古い家や、建ててから2、3年しか経っていない築浅の物件なら必要ないでしょう。

インスペクションは義務ではありませんし、費用もかかります。しかし、その費用以上にメリットがあるので、ぜひ検討してみてください。

❼ 売り出し価格の決め方！ 高く売るには最初の3ヶ月が勝負

家を売るなら、できるだけ高く売りたいと考えるのが普通です。

でも、いくら高く売りたいからといって、とんでもなく高い価格で売り出しても、当然、誰も買ってくれません。

不動産をいくらで売るのか、売り出し始めの価格設定は、凄く大切ですから、慎重に決める必要があります。適当な価格で売り出してしまうと、売れるチャンスを逃してしまいます。

では、最初の売り出し価格は、いくらで設定したらいいのか？

結論から言うと、早く売りたい人は、初めから市場に合わせた相場価格で売り出しましょう。

逆に、売れるまでに時間がかかっても大丈夫な余裕がある人であれば、自分が納得できる価格で売り出すといいでしょう。もちろん高いと売れにくいのは覚悟してください。

「不動産売却は最初の３ヶ月が勝負」とも言われていますが、実際、その通りで、最初の３ヶ月間は情報が新鮮なため、問い合わせや内覧希望者も多く反響がいいのです。

物件を探している人は、不動産情報サイトに掲載されている多くの物件については、すでにチェック済みですが、買ってはいません。

これは、買うに値する物件が「無かった」ということです。つまり、情報サイトに掲載されている物件は、すべて売れ残りだということです。中には、1年も前から、掲載されているものまであります。そこへあなたの家が新規物件として、ポーンと掲載されたらどうでしょうか？

当然、目立ちますし、情報が新鮮なため、皆が飛びつきます。

実は、情報サイトと言えども、毎日、新しい物件が次々に登録されているわけではありませんから、新鮮な情報はそれほど多くはないのです。ですから、新規で、目立つチャンスの時に、売れやすい価格で掲載したいのです。

いくら新規物件で目立つとはいえ、あまりに高すぎる価格では誰も相手にしません。せっかくの目立つチャンスを、売り出し始めの価格設定でミスすると、ほかの売れ残り物件と同じ扱いになってしまいます。

３ヶ月という期間は、物件を探している人達が、あなたの物件に巡り合うまでの期間です。何年も前から探している人から、今日探し始めた人もいますし、毎日、物件をチェックする人もいれば、たまにしか見ない人もいるでしょう。そういう人達がひと通り目を通し終わるのが３ヶ月ということです。

３ヶ月以降は、今探している人達は、あなたの物件はすでにチェック済ですから、新鮮な情報ではありません。見飽きていますから、もう見向きもしません。

そうなると、これから新たに家探しを始める人しか見ないので、あなたの物件が見られる回数は激減します。そして、それに比例して、反響数も減るため売れなくなるという悪循環に陥るのです。

そういったことから、最初の3ヶ月間がとても大切なのです。

売り出し始めの価格ですが、相場価格もしくは、相場よりも若干高い程度に抑えておけば反響もいいし、後々の値引きもしなくていいので、結果的には高く売れます。

逆に、割高な価格だといつまでも売れません。

そうなると、ズルズル値下げを繰り返しながら販売を続けることになってしまいます。そして売れ残り感が出ると、「この物件、何かあるんじゃないの？」と、変に勘繰られることになり、重箱の隅をつつくようにチェックされて、値引きを要求されることにもなります。

特にマンションの場合は割高で販売してしまうと、同じ棟内のほかの部屋が適正価格で売り始めた時に、あなたの部屋を引き合いに出して「ほら、この部屋より安いでしょ？お買い得なんですよ」なんて、悪い比較対象として使われてしまいます。

同じ棟内で割高の部屋があると、それよりも安く売り出せば割と簡単に売れるのです。

しかし、割高だといつまで経っても売れません。売れ残りにならないためにも、高く売り出すのはやめておきましょう。

もし、どうしても高く売り出したいのであれば、３ヶ月間だけ高めの金額で売り出してみて、反応が悪ければ気持ちを切り替え、価格を下げて売り出しましょう。

「思い切って値下げした」と言っても、もともとが高い価格で売り出しているわけですから、売れる価格に戻しただけです。

この時、「値下げして損した」ではなく、「元に戻したんだな」と気持ちを切り替えるようにしましょう。

値下げすると情報サイトに「価格更新されました」と表示されますから、探していた人達もまた興味を持って見てくれるはずです。

販売価格が適正な価格帯であれば反響はあるものです。

大切なのは、売り出し価格は自分だけで決めずに不動産会社とよく相談して決めることです。

売りたい価格と売れる価格は違います。高く売りたいのはわかりますが、相場を把握して、適正な価格帯で売り出すことが大切です。

少し高めの「チャレンジ価格」で売り出す場合でも、価格の「幅」というものがありますから、そこから出ない範囲で決めてください。目安は査定価格のプラス10％くらいです。売り出し価格をいくらにするのかは、不動産会社としっかり話し合っておきましょう。

実は、「早く売る」と「高く売る」とは反対のように聞こえるかもしれませんが、相関関係にあるのです。売り出し価格は欲張らずに、相場価格で抑えて売り出すほうが、結果的に「早く」「高く」売れることが多いものです。

欲張って高く売り出しても、反響はなく値下げをせざるを得なくなり、結局相場よりも安く売るパターンになりかねません。

あまり欲張り過ぎずに、市場にあった売り出し価格を設定して、早く、高く、売りましょう。

❽築年数が古くても高く売れる家「4つの特徴」

木造戸建ては、20年経過すると価値がゼロになると言われています。

不動産会社に査定を依頼しても、「建物価値はありません」「建物の査定はゼロ円で計算しています」と言われることが多くなります。

実際、築20年以上の物件は、新築価格の10分の1程度の価値しかないと査定されることが多いです。

しかし、法定耐用年数（木造22年、鉄骨造34年）を過ぎていても、高く売却できる家もあるのです。

高く売れる家には、４つの特徴がありますので順に解説していきます。

①築年数は古いがほかに魅力がある

築年数が古くても高く売れる物件とは、立地の良い物件や人気エリアにある物件です。

例えば、「駅から近く交通の便が良い場所にある」「学校や商業施設など生活に必要な施設が近くにある」などの場合です。

このような物件は、築年数に関係なく高く売れる傾向があります。また人気エリアでは、売り物件自体がなかなか出てこないため、希少価値もあります。

ほかにも、ハウスメーカーが建てた家や、建物の構造が良い家も、普通の家より高く売れる傾向があります。

②適正価格で売り出している

家探しをしている人は、物件の状態と価格を比較検討してから購入を決定します。また、できるだけ安く購入したいと考えているため、価格にはとても敏感で適正価格かどうかを厳しくチェックしています。

そのため、自分の家と同程度の築年数の家が、近隣ではいくらで販売されているのか、不動産情報サイトを使って確認しておきましょう。

③インスペクションを受けている

建物のインスペクションを受けることで、状態が明確になり、購入者は古い建物でも安心して取引することができます。

インスペクション費用は初めに少しかかりますが、何千万円もの家の売却を考慮すればその費用は大きな負担とは言えません。しかし、建物の種類や状態によっては、インスペクションの必要性が異なることも。そのため、不動産会社としっかり相談し、適切な判断を下すことが大切です。

④リフォームしている

リフォームされた家は、キレイなのはもちろんですが、所有者がその家を大切にしてきたことを意味します。丁寧に扱ってきた家は、今後のメンテナンスも軽減されますから、買い手に安心感を与えることができます。

また、リフォーム済みの家は、購入者がすぐに住み始めることができるという利点もあります。

リフォームされた家は、周囲の物件と比較しても競争力が高いため、有利な位置に立つことができます。

このように、リフォームしながら丁寧に住んでいた家は、購入者にとっては非常に魅力的で、売れやすいという利点があります。

⑨古いマンションを売却する時のコツ

築年数が何年を超えると「古いマンション」とされるのか明確な定義はありません。

個人の感覚によっても違いますが、一般的には築30年を超えると古いマンションと呼ばれることが多いです。

築30年以上経つと、新しいマンションに比べて管理費や修繕費用が高くなり、設備の更新やリフォーム費用も嵩《かさ》んできますから敬遠されることが多く、需要が減少してきます。

そのため、売却するにはいろいろな角度から検討することが必要になってきます。

【古いマンションを売却する際のコツ】

①リフォームは必要以上に行わない

古いマンションの場合、キレイにリフォームをしてから売却したほうがいいと思われがちですが、実際はリフォームしても思うような価格で売れない場合が多く、逆に損してしまうことになります。

物件を探している人の中には、駅前など立地にはこだわるが、予算が限られているため、あえて古いマンションを選ぶ人もいます。

この場合、買い手が魅力を感じるのはマンションの立地であって、キレイな内装や設備ではありません。そのため、リフォーム費用を上乗せして高価格で売り出しすると、買い手の予算を超えてしまい、購入を見送られてしまいます。

②設備を確認する

30年を超えている物件では設備もかなり老朽化しています。

もし、設備に欠陥や故障等がある場合は、必ずそのことを買い手に伝える必要があります。故障している箇所を「直せ」と言っているのではなく、故障していることを「伝える」ということです。

もし故障していることを伝えずにそのまま売ってしまうと、売却後に不具合が見つかった場合、修繕費用を請求されたり、最悪の場合、契約が破棄されたりと、大変なことになってしまいます。そのため、売却前にはきちんと設備を確認しておくことが大切です。

また、すでに故障していたり、使い勝手の悪い設備がある場合は、そこの部分だけを新しいものに取り換えてから売却する方法もあります。

傷んでいるところだけでも新しいものに取り換えておくと、物件全体の印象が良くなりますし、部分的な取り換えだけなら、部屋全体をリフォームするより、かなり安く収まります。

③中古物件の売却に強い会社を選ぶ

古いマンションを売りたい場合は、中古マンションの「売却」に慣れている不動産会社を選ぶことが大切です。

中古マンションの扱いに慣れている会社であれば、買い手のニーズをしっかりと把握しているため、どのような形で売却するのが良いかを知っています。

依頼しようとしている不動産会社に、自分のマンションと同様の古いマンションを取り扱ったことがあるのかを聞いてみましょう。

過去に取り扱った経験があるなら、取引実績から相場や売り時なども把握できているので、より適切なアドバイスがもらえるでしょう。

第5章

悪徳不動産屋の手口を暴露！

❶ダマされた手口はコレだ！「囲い込み」

不動産業界はほかの業界と比べても、闇の部分が多く、その中でもよく見られる問題のひとつが「囲い込み」です。

囲い込みとは、不動産会社が売主から預かった物件を、自社を通じてしか買えないようにし、他社には取り扱いさせないことを指します。

例えば、他社から「買いたいお客様がいます」と買い手の紹介があった場合でも、囲い込みをしている不動産会社は「すでに申し込みが入っています」とか「商談中です」といった嘘をついて、他社からの買い客はすべて断ります。

「囲い込み」をする理由は、売主から頼まれた不動産会社が、売主と買い手の両方から仲介手数料を受け取るためです。

不動産会社は、自社で買い手を見つけると、売主と買い手の両方から仲介手数料が受け取れます。1回の取引で報酬が2倍になるということです。

しかし、他社から買い手を紹介された場合だと、買い手からの仲介手数料は受け取ることができませんので、売主からの手数料だけが収入となります。これを「片手仲介」と呼びます。

悪質な不動産会社は、売主と買い手の両方から仲介手数料を受け取りたいので、物件情報を隠したり、他社からの紹介は断って、自社で見つけた買い手にのみ売るといった不誠実な方法を使います。

せっかく買いたい人が見つかったのに、不動産会社の都合だけで断ってしまうわけですから、売主は大損することになります。

通常、仲介で売却を頼むと、このような流れで取引は進んでいきます。

①売主は不動産会社Ａ社に売却を依頼

Ａ社は、物件情報を「レインズ」に登録し、全国の不動産会社に拡散します。

←

②買い手は不動産会社Ｂ社に物件探しを依頼

Ｂ社は買い手に見合った物件を「レインズ」から探して紹介します。

ここで希望の物件が見つかれば、取引成立となります。

③取引が成立すると売主はA社に、買い手はB社に、それぞれ仲介手数料を支払う
←

通常はこのような流れで進み、A社、B社ともに、片方からしか手数料を受け取っていないため、片手仲介での取引になります。

ここでもし、A社が、買い手を見つけることができれば、売主と買い手の両方から仲介手数料を受け取ることができます。これを「両手仲介」と呼びますが、ここまでは特に問題はありません。

問題なのは、A社が両手仲介をしたいがために、「囲い込み」するのが問題なのです。

ここでひとつ、囲い込みの相談を紹介したいと思います。

【相談事例】

マンションを売ることになり、有名な大手不動産会社に頼んでいます。最初は「当社には買い手がたくさんいますので安心してください」と言われていたので、すぐに売れると期待していました。

しかし、３ヶ月以上経っても、問い合わせもなく売れる兆しが見えません。もしかしたら、囲い込みをされているのかもしれません。囲い込みをされているかどうかを知る方法はありますか？

【お答えと解説】

はい、出ました。「当社には買い手がたくさんいます」発言です。

コレは営業担当者が媒介契約を取るために使うフレーズですから鵜呑みにしてはいけません。もし本当に買い手が待っているのであれば、すぐに成約に至るはずです。

しかし、超人気物件でもない限り、そんなに都合のいいことはありません。営業担当者が「買いたいお客様がいる」と言ってきたら危険信号

です。

囲い込みをされると、物件情報が拡散されず、ほかの不動産会社からの紹介は断るため、売れるまでにかなりの時間を費やし、最悪は売れないことまであります。

また、自社で買い手が見つけられない場合は、「価格を下げないと売れないですね」と言って値下げを迫られます。値下げは売り手にとっては大きな損失です。

この悪質な囲い込みを回避する方法と、囲い込みを受けていないかを見抜くためのとっておきの方法をお伝えします。

◎囲い込みを回避する方法【その1】一般媒介で複数の不動産会社と契約する

一般媒介であれば、複数の不動産会社と契約することもできます。

これにより、物件情報が公開されるため、囲い込みができなくなります。

ただし、一般媒介にはデメリットもありますので、初めて売却する人や、超人気物件でない場合は、専任媒介も検討しましょう。

専任媒介で、囲い込みを防止する方法は非常にシンプルです。

不動産会社に「囲い込みはやめてくださいね」と伝えてください。この簡単なひとことでも抑止効果はあります。

◎囲い込みを回避する方法【その2】
不動産会社から、「レインズ登録証明書」をもらう

不動産会社は専任で契約した場合、レインズ登録が義務付けられています。

レインズに登録すると、全国に物件情報が行きわたるため、囲い込みがやりにくくなるのです。

レインズに登録しているという証拠「レインズ登録証明書」は必ず貰いましょう。

不動産会社はレインズ登録証明書を請求されると囲い込みがやりにくくなります。

どうですか？　ここまでで囲い込みを防止する方法はわかりましたか？

しかし、これだけやっても、残念ながらまだ囲い込みを行う不動産会社は存在していま

す。

そこで今度は、自分で囲い込みをされているかどうかを見抜く方法をお伝えします。見抜く方法は2つあります。

まず1つ目。あなたの家が「レインズ」に、本当に登録されているかを確認しましょう。囲い込みをする不動産会社は、「レインズ」に登録しない、もしくは一旦は登録するけど、すぐに削除するという汚いことをするので、これをチェックします。

【チェック方法】

不動産会社からもらった「レインズ登録証明書」(158ページ参照)の下の部分「図面」の欄が「有」になっているか確認してください。なっていない場合は、間取り図面を非公開にして、ほかの不動産会社には売らせないようにして「囲い込み」をしています。アウトです。

「有」となっていたら、次に、下にある「登録内容確認URL」にアクセスしてください。現時点で登録されているかの確認ができます。

悪質業者は、一旦は「レインズ」に登録して、登録証明書を発行しますが、そのあとスグに消すので、そこをチェックします。

もし、表示されなかったらその時点でアウト！　残念ながら囲い込みされています。

しかし、これらをクリアしても、囲い込みされている場合があるので、次は、実際に囲い込み行為をやっているかの検証を行います。これが２つ目の方法です。

この方法を使えば、囲い込みされているか、瞬時に判明します。しかも、その作業にかかる時間は30秒という超簡単な方法です。

ただ、この一発で囲い込みを見抜く超簡単な方法は、あまりにも効果抜群でコレを書くと不動産会社から嫌われますので、公式ライン（ＬＩＮＥ）でお伝えしています。

知りたい方は、公式ＬＩＮＥから「囲い込みを見抜く方法教えて」とメッセージをください。超簡単な囲い込みを見抜く方法を個別で送らせていただきます。

届いた内容は他言無用でお願いします。

(宛)（株）ワイズワンホーム
(発)国土交通大臣指定近畿圏不動産流通機構

2023.09.25

■ 登 録 証 明 書 ■

御依頼の物件は、以下の通り登録されました。

データ種類	売物件	取引状況	公開中
物件種別	売一戸建	物件種目	中古戸建
物件番号	300126051996	土地権利	所有権
登録年月日	令和 5年 9月25日	最新変更年月日	
最新更新年月日	令和 5年 9月25日		
取引態様	専任	媒介契約年月日	
価格	[redacted]万円	消費税	万円
土地面積	122.12㎡	建物面積	121.98㎡
私道面積	16.35㎡	面積計測方式	公簿
所在地	兵庫県西宮市[redacted]		
沿線名	阪急電鉄神戸線	最寄駅	西宮北口
		バス　分　歩 15分　歩　m　車　km	
その他交通手段			
間取部屋数	4	間取タイプ	ＬＤＫ
詳細間取	2ＦＬＤＫ15.5×1・2Ｆ洋4.5×1・1Ｆ洋6.1×1・1Ｆ洋5.2×2		
築年月	平成 8年 5月	地上階層	2階
建物構造	軽量鉄骨	地下階層	階
現況	空家	駐車場	有
引渡時期	即時	引渡	
都市計画	市街	用途地域	一中
地目	宅地		
建ぺい率	60%	容積率	200%
借地料	円		
地勢	平坦		
接道状況	一方	接道接面	7.5m
接道種別	私道		
接道位置指定	有		
接道１方向	東	接道１幅員	4.0m
接道２方向		接道２幅員	m
図面	有		
商号	（株）ワイズワンホーム		
電話	0798-51-0146		
担当者		連絡先	
メール			
備考			

図面

登録内容確認URL

間取タイプ、詳細間取にSが含まれる場合、納戸等を表します。

本物件のレインズ登録内容をインターネット上でご確認頂けます。
【登録内容確認URL】https://www.kinkireins.or.jp/　【確認用ID】300126051996　【パスワード】2WLZ2

❷不動産会社が一般媒介を勧める理由！

不動産会社との媒介契約には、一般、専任、専属選任の3種類があり、囲い込みされず安心できるのが「一般媒介」と言われています。しかし、今はその逆で、「一般媒介なら安心できる」という売主の心理を逆手にとって騙す手口が流行っています。

実は、一般媒介が一番ヤバいのです。

不動産会社は、一般媒介だと他社と競合になるため、物件情報の独占ができず、囲い込みができません。

一方、専任、専属選任は、1社との独占契約になるため囲い込みはしやすくなりますが、その防止策として「レインズ登録義務」が定められています。

ただ、悪質な会社は、「レインズ」に登録していても、他社からの紹介には「商談中です」と嘘をついて紹介を断わり、囲い込み行為を行います。

以前は、このように露骨なやり方で断っていたのですが、最近はこのやり方だと囲い込み行為がバレるので、現在は、あの手この手で囲い込みを狙っています。

その中のひとつが、一般媒介で契約して囲い込む方法。通称「**専任外し**」と言われてい

	一般	専任	専属専任
複数社への依頼	○	×	×
レインズ登録義務	ナシ	7日以内	5日以内

る方法です。

上の表を見てもわかるように、一般媒介だと、売主は複数社へ依頼することができます。そのため、情報が独占状態にならず、囲い込みができないということでしたが、実は、注目したいのは、「レインズ登録義務」のほうです。

一般媒介では、登録義務「ナシ」になっています。

一般媒介は複数社へ売却依頼することを前提に考えられているため「レインズ登録義務」がないのです。複数の会社が情報を共有するため、独占ができないから安全だということです。

しかし、この仕組みを逆手にとって悪用する手口が流行っているのです。

では、具体的にどういう手口か説明しましょう。

あなたが、不動産会社に売却を依頼します。

すると不動産会社は、販売活動をするために、あなたと媒介契約を結ぶのですが、この時、不動産会社はあえて一般媒介で契約を結びます。通常、不動産会社は一般媒介を嫌がるのですが、あえて一般で契約するのです。

もちろん、媒介契約書には「一般媒介」となっていますが、そこには触れずにそのまま契約を済ませます。

「一般になっていますけど……」って聞くと、「一般的な方法で売却するから一般なんですよ。みなさん一般で契約していますから」など適当なことを言って契約を交わします。

何も知らないあなたは、1社だけとの契約だから「レインズ」にも登録されるし、大丈夫だろうと思っているでしょうが、ここが騙されているのです。

一般媒介で契約すると、不動産会社は「レインズ」への登録が不要となりますので、これにより囲い込みが完了するのです。

あなたの家の物件情報は、世の中のどこにも出回らず、依頼した不動産会社だけの独占情報になってしまいました。ほかの不動産会社には一切情報が公開されませんので、当然、売れません。

しかし、不動産会社の、この行為は違法ではないのです。

一般媒介で契約しているため、合法的に囲い込みができるという悪質な手口なのです。

法律の目をくぐり抜けて、何も知らない素人をひっかけるのです。

当然、不動産会社は法律を守っていますから、訴えられることもありませんし、口頭でしか「一般」の説明をしていないため証拠も残りません。

「ウチだけに任せてください」と他社を排除して、一般媒介で契約して、囲い込みするという手口なのです。

しかも、この「専任外し」は、ランキングトップ10に入る大手が堂々とやっているのです。不動産業界が悪いイメージを持たれるのは当然です……。

最近では、初めから「当社1社だけと一般媒介で契約してください。そのほうが高く売れるし、ハウスクリーニングもサービスしますから」と言う営業マンもいます。

中には、「当社1社だけと一般媒介契約を結んでいただければ仲介手数料を特別に値引きしますので、ぜひ契約してください」という会社まで出てきました。

これは、「ウチは100％囲い込みしますよ」と、宣言しているのと同じです。

囲い込みされると、1社しか取り扱いできないため情報が拡散されず、宣伝効果が低くなり、時間がかかります。囲い込みは不動産会社だけが儲かる手口です。

売主にとっては損しかありません。1社だけに絞って、ハウスクリーニングや、仲介手数料を値引いてもらったところで、肝心の家が安値でしか売れないのでは本末転倒です。値引きよりも、高く売ってもらうほうが断然得なのです。

1社としか契約していないにも関わらず「一般媒介」の場合は、確実に囲い込みされていると覚えておいてください。

もし、一般媒介で契約する場合は、必ず複数の会社と契約を結んでください。

逆に、1社としか契約しない場合は、必ず専任で媒介契約を結びましょう。

専属専任は売主にとっての利益はないので必要ありません。

もし、大手の不動産会社と契約するのであれば、一般媒介で複数の会社と契約するのがオススメです。大手は、両手仲介率が異常に高く、囲い込みされる可能性が高いと言われています。

不動産会社の報酬は、片手仲介だと3％、両手仲介だと6％の仲介手数料になるのですが、大手10社の仲介手数料率はどこも3％を超えているのです。中には5％とか……。

これは、ほとんど両手仲介しかしていないという状態ですので、もし大手に頼むのであれば、一般媒介で、複数社に依頼して囲い込みを回避するようにしましょう。

❸「高く売れます」に潜む悪徳不動産屋の手口を暴露

売却で一番気になるのは「いくらで売れるのか？」金額ではないでしょうか。そのため、不動産会社に査定を依頼するわけですが、気をつけたいのはその「査定価格」です。

不動産会社の中には「えっ！　こんなに高く売れるの？」というような高い価格を提示してくることがありますが、鵜呑みにしてはいけません。これは高い査定で煽《あお》って売らせようとする手口だからです。

なぜ高い査定価格を出してくるのか――それは、あなたに「えっ！　こんなに高いなら売ろうかな」と思わせるためです。しかし、現実は甘くありません。そんな高い価格では売れませんから、値引きを繰り返して、結局は安く売らされてしまい、損することになるのです。

実は、このケースでは売主は損をするのですが、不動産会社はしっかりと儲けているのです。

このような話を聞くと、「やっぱり、不動産屋って悪いな」って警戒してしまいます。不動産会社が、高い査定価格を提示するのは、あなたの関心を引き売却をさせ、「両手仲介」をしようと狙っているからです。

「両手仲介」だと、売主から3％、買主からも3％、1つの取引で合計6％の仲介手数料を得ることができますから、通常の2倍の報酬が手に入ります。

さらに驚くことに、不動産会社の中には、通常の4倍にあたる12％を得ている会社もあります。

例えば、3000万円の物件の場合だと、通常の片手仲介では105万6000円の報酬ですが、4倍だと、422万4000円にもなります。不動産会社は物件を買って売るわけではなく、単に仲介手数料だけでこの利益を得ているのですから驚きです。

ただし、不動産会社がこの12％を得るためには、売主に対して強引な手法を使うことがあります。

例えば、売主のYさんが自宅の査定を、複数の不動産会社に頼んだ状況で考えてみましょう。

査定結果を見ると、ほとんどの会社が2800万円～2900万円といった価格を提示してきましたが、その中で1社だけが「当社なら3500万円で売れます」と非常に高い査定価格を出してきました。この会社をA社とします。

あなたは一番査定の高いA社に依頼することにしたのですが、A社から「あなたの家を一生懸命売りますので、ほかの不動産会社には売却の依頼をしないでください」とお願いされ一般媒介での契約を勧められました。

そうです。先ほどの章で話した「専任外し」の手口です。

A社はこの方法により、両手仲介を確定させ、通常の2倍の手数料に相当する合計6％の報酬を得ようとしているのです。

しかし、怖いのはこれだけではありません。

A社は「高く売ります」と言って、査定通りの高い価格で販売を始めるのですが、相場を無視した高い価格ですから当然売れません。時間だけが過ぎていきます。

そして、売主のYさんが痺れを切らした頃に、A社から連絡が入り、「B社という不動産会社から買いたいと連絡がありました。今は市場も冷えていますし、このままだといつ売れるかわかりません。価格は2割下がりますが、ここは値下げしてでも売ったほうがいいです」と提案してきます。

なかなか売れなくて疲れ果てたYさんからすると、この話がやっときた暗闇の中の一筋の光に見えました。精神的に疲れたYさんは、A社の話を信用して、相場よりも低い価格で売却しました。

これによりA社は、売主のYさん、買主のB社、両社から仲介手数料を受け取り、6％の報酬が確定しました。

A社からすると、してやったりです。しかし、まだここから続きがあるのです。

A社は、なぜ一般の人ではなく、不動産会社のB社に買わせたのか？　B社は業者ですから、仕入れ物件として購入するため、安くでしか買いません。Yさんからすると、B社に売る場合は買取価格での売却となり、安い価格でしか売れないため、決して得策ではありません。

本来ならA社も、少しでも高く売れたほうが手数料を多く貰えるため、個人に売ったほうが良いはずです。しかしA社にとっては、B社に売るほうが断然儲かるのです。

それはなぜか？　B社は、この物件を買ったら利益を乗せて転売します。そこで「転売する時は、A社に仲介は任せるから」という約束をして、その代わりYさんの家を相場よりも安く買わせてもらうわけです。

B社からすると、A社がYさんに値引き交渉してくれたから相場よりも安く買えるし、売る時にはどのみちどこかの仲介会社に依頼して売ることになるので、それがA社であっても同じです。

これを「専任返し」といいます。言わばできレースです。

A社は、専任返しを受け、同じ物件を、再び販売するわけですが、ここで買い手を見つけることができれば、再度、両手取引が可能になるのです。

A社は同じ物件で二度も両手取引を行うという、おいしい商売ができるわけです。

まず、最初の取引で売主のYさんから3％、買主のB社から3％。

そして、専任返しで、売主のB社から3％、買い手を自社で見つければさらに3％と、合計

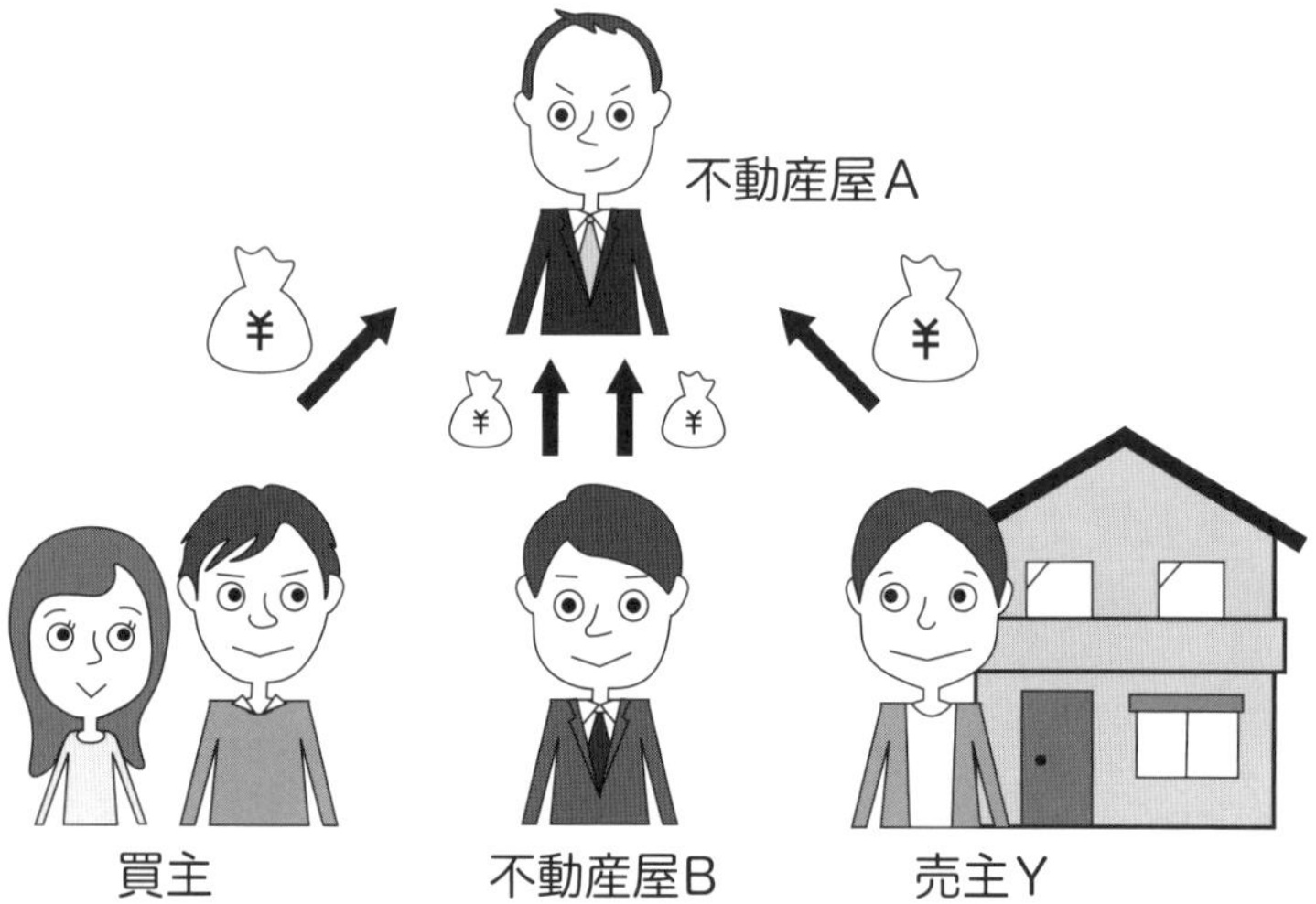

で12％の手数料を得ることができるのです。

A社は自社では買わないため資金も要らず、ノーリスクで、同じ物件で短期間に4回も手数料を得ているのです。

いずれにしてもこの販売行為は、完全にA社の都合だけで行っています。

B社は安く仕入ができたため、ウィン＝ウィンかもしれませんが、売主のYさんにとっては、安く買い取られて損しかしていません。完全に裏切られたのです。

A社の「ウチなら高く売れますよ」の高い査定価格を信用してしまったがために、このような結果になってしまいました。

高い査定の裏には、このような悪だくみが隠れているかもしれないのです。

高い査定価格は悪魔のささやきです。惑わされないよう、くれぐれも注意してください。

❹ 古い家は解体せずに売れ

不動産売却を検討している方からの相談です。

【相談事例】

「今、住んでいる家を売りたい」と不動産会社に相談したところ、不動産会社からは、「築40年で建物が古いため解体して更地にしないと売れない」と説明されました。

さらに、早く売却したほうがいいともアドバイスされ、解体業者を紹介されたのですが、解体費は高額で、しかも現金を用意しなければならないため困惑しています。もし3ヶ月間で売れなければ、買い取ってくれるとのことですが、急いで売却する必要がないにも関わらず話が進みすぎて焦っています。どのように進めていけば良いかアドバイスをお願いします。

まず結論から言いますと、相談者さんの心配は当然のことです。不動産会社からの説明に疑問点が4つあります。

疑問① 家を解体しなければ売れない
疑問② 解体業者の見積もりを1社しか取っていない
疑問③ 売却を急かされている
疑問④ 3ヶ月後に不動産会社が買い取る

　これらはすべて疑わしい話であり、相談者の方が騙されている可能性があるため、順に解説していきましょう。

疑問①　家を解体しなければ売れない

「築40年で建物が古いので解体して更地にしないと売れない」というのは、偏った情報です。実際には古い建物でもそのまま売れる場合もあります。「現況渡し」という方法です。

　これは、物件は、そのままの状態で引き渡して、修繕などの責任は、引き渡し後に買主が負うという取引方法です。

　もし建物に問題がある場合でも売主が事前に買主に伝えておけば、売主はその問題については責任を追及されないのです。つまり、買主が自己責任のうえで物件を購入するということです。

　また、建物が傷んでいる場合でも解体せずに「古家付き土地」として売ることも可能です。

　相談者さんの場合は、現在、住んでいる家であり、ボロボロの廃墟ではないため、更地にしなくても、売却できる可能性もあります。

建物が古くてもリノベーションして住みたい人や、賃貸物件として利用したい人もいるため、「必ず解体しないと売れない」というわけではありません。

不動産会社が更地にすることを勧めるのは、古い建物があると老朽化や不具合について、買主に説明をしなければならず、手間がかかるからです。

しかし、売主からすると、更地にする場合の解体費用は売主負担になるため、解体せずに現状のまま売りたいところです。

疑問② 解体業者の見積りを1社しか取っていない

最近は、解体費用が高騰しているため、複数の業者から見積もりを取り、比較することが重要です。

また、解体業者が不動産会社へマージン（紹介料）を支払っている場合は、それが見積りに反映されて高額になっている可能性もあります。

疑問③ 売却を急かされている

不動産会社が執拗に売却を急かす場合、ほかの業者との競争を避けたり、広告や人件費を節約する目的が考えられます。その背後には、他社に情報が漏れないように、両手取引での利益を追求する意図があるかもしれません。

疑問④　３ヶ月後に不動産会社が買い取る

「買取」となった場合は、相場より安い価格で売ることになるため、売主にとっては残念な結果になります、しかし、悪徳な不動産会社は、自社の儲けのために「買取」を勧めてきます。

しかも、買い取った後で、再販売がやりやすいように売主の負担で解体までさせようとします。

これでは、売主は不動産会社の儲けのために解体費を支払って安売りされるという、最悪の結果に陥ってしまいます。

これらの疑問点を考慮すると、不動産会社には騙されている可能性が高いため、契約するのはやめておきましょう。

このような場合は、別の不動産会社に、建物は解体せずに「現況渡し」で売却できないかを相談してください。そのままの状態で売れる場合は、「現況渡し」で売却します。

もし「現況渡し」が難しく、解体して更地にしないと売れないのであれば、解体費用は複数社から相見積《あいみつもり》を取り、安いところを探しましょう。

この場合、値引き交渉や「更地渡し」での交渉が必要になってきます。

「更地渡し」というのは、買う人が見つかったら売主が建物を解体して、更地にしてから売却するという方法です。この場合、解体費用は売主の負担になります。

ここでひとつアドバイスです。

「更地渡し」で売主が解体工事をするのではなく、「現況渡し」で解体費用を値引きして売却することをお勧めします。

実は、解体工事は騒音や振動による近隣トラブルが起こりやすいのです。

ですから、できるだけ解体費用分の値引きで対応するのが好ましいです。

現状のままで売るか、解体してから売るかは、地域環境や物件条件によって変わりますので、不動産会社とよく話し合って決めるようにしましょう。

❺ リースバックはやめとけ

「リースバック」とは、自宅を不動産会社に売って現金を手に入れて、売った後は不動産会社に家賃を払って、そのまま自宅に住み続けるというものです。

今スグまとまったお金が必要な人や、住宅ローンの返済が苦しい人の悩みを解決する方法として、このリースバックが使われています。

売るか？　リースバックするか？

どちらが得なのか悩む人も多く、急いで決めて失敗する人もいるので、リースバックの仕組み、メリット・デメリットはしっかりと理解しておきましょう。

似たような名前で「リバースモーゲージ」がありますが、こちらは、老後資金を得るために自宅を担保にして銀行からお金を借り、自分が亡くなったら家を売却して精算するというシニア向けのものですから全然別物です。

リースバックは、「お金に困っているから家を売って現金化したいけど、家から出ていくのは嫌だ」という、都合のいい希望を叶えてくれるサービスと言えます。

仕組みはこのようになっています。

あなたの家を不動産会社が買い取る
←売却代金を一括で貰う
←家は不動産会社のものになる
←あなたは不動産会社に、家賃を払って、そのまま住み続ける

これだけを見ると、凄く良い仕組みに思えますが、結論から言うと、リースバックは、普通に家を売却する時に比べると、間違いなく損をしてしまいます。

その理由をメリット、デメリットに分けて解説していきましょう。

【メリット】

『売ってお金が手に入っても、そのまま住み続けられる』

この点が最も魅力的で最大のメリットです。

そのほかにも、次のメリットがあります。

・現金化が早い（リースバック会社が直接買い取るため手続きがスムーズ。約1ヶ月程度）
・売却したお金の使い道は自由（※リバースモーゲージは制限がある）
・年齢制限や年収制限なし
・売却したことが近所にバレない
・売却した自宅を将来買い戻すことも可能
・賃貸になるため、固定資産税やマンションの管理費・修繕積立金がかからない
・引越し費用や保証人が不要

このようなメリットがありますが、同時にデメリットも多く存在します。

【デメリット】

①リースバックでの売却は、一般的な売却価格より安い

市場価格の約5割～6割程度になります。

例えば、仲介で売却した場合の金額を基準とすると、買い取りの場合は8割程度になりますが、リースバックの場合は5割程度になってしまいます。

買取、リースバックはどちらも「業者に直接買い取ってもらう」方法のため、現金化は早いのですが、市場価格よりかなり安くなります。

②住宅ローンの残債が多いと利用できない

売却価格よりも住宅ローン残債のほうが多い場合は、リースバックが利用できない可能性が高いです。もし住宅ローンが残っている場合でも、売却したお金で完済できるのであればリースバックが利用できます。

③家賃が高い

相場よりも安くでしか売れませんが、家賃は周辺相場並みか、高くなることもあります。しかも、今後、賃貸契約更新の度に家賃が上がっていくというリスクもあります。

④立ち退きを要求されるリスクがある

売却すると所有権を失い、賃貸物件になるため、立ち退きを要求されると応じなければなりません。もしリースバック契約で、借りる期間が定められた「定期借家契約」を結ぶと、契約期間が終了すると立ち退かなければなりません。

⑤買い戻す時の金額が高い

売却時に「再売買予約権」を設定したうえで契約をすれば、将来的に買い戻すことが可能です。しかし、買い戻す際には、売った価格の1割～3割増しになることもあり、買い戻したくても高くて買えないというケースが非常に多いです。

このように、メリットもデメリットも多いリースバックですが、「リースバック」と「通常の売却」、どちらが良いのか、それぞれに向いている人を検証していきましょう。

◎リースバックが向いている人

自宅に深い愛着があり、引っ越したくないという方や、周囲に知られたくない事情がある方には、リースバックが適しています。一時的にまとまった現金が必要だけれども、将来的に買い戻すことが可能な場合にも向いています。

◎通常の売却が向いている人

自宅に固執しない人であれば、普通に仲介で売却するほうが良いでしょう。

なぜなら、リースバックよりもはるかに高い価格で売却できるからです。仲介でも欲張らずに、市場相場に合わせた金額で売れば早く売れます。

もし、早く現金化したいのなら、リースバックではなく、不動産会社に買い取りしてもらいましょう。そのほうが高く売れます。

自宅に固執せず、引っ越すことに問題がないのであれば、普通に売却することをオススメします。

もし、リースバックを利用するのであれば、リースバックで売却する場合と、通常の売却とで価格を比較することは最低限やっておきましょう。

リースバックや買取は、どの不動産会社でもやっているわけではないので、取り扱いしている不動産会社に尋ねるようにしましょう。

第6章

親から子へ名義変更すると贈与税がヤバイ

❶ 親から子へ名義変更すると贈与税がヤバイ

「親の土地を子供の名義に変更する場合、税金はかかりますか?」という質問があったので、その点について回答いたします。

【質問事例】

息子夫婦が家が欲しいと言うので、使っていない私の家を建て替えようという話があります。そこで、息子が建てるのなら土地の名義も息子に変えようと思っています。この場合は、相続ではなく贈与になると聞きましたが、税金はかかるのでしょうか?

親の土地を、子の名義に変更して、建て替えるという計画ですが、この場合、息子さんは、親から土地を贈与される形になるため贈与税が課されます。

贈与税は生前に財産を受け取った場合に発生する税金です。亡くなった後に財産を受け取る場合は相続税が課されることになります。

では、土地の贈与とみなされる5つの例を紹介しましょう。

①名義変更した時

Aさんの土地をBさんに名義変更した場合、財産がAさんからBさんに無償で移転しているため贈与とみなされます。

今回の例では、親の土地を息子さんに無償で名義変更しているため、このケースとなります。

②共有持分を変更した時

AさんとBさんの共有名義になっている土地の持分を、無償で変更した場合、価値が増加した部分は贈与とみなされます。

例えば、夫婦共有名義の土地で、夫80％、妻20％だった場合、これを50％ずつの半々に無償で変更する場合は、妻はお金を払っていないのに、持分が30％増えることになるため、増加分は夫から妻へ贈与したことになります。

この場合、夫が土地の30％分の財産を妻へあげたとみなされて贈与税が課されます。

③共有の土地の分筆をした時

共有している1つの土地を、いくつかに分けて登記し直した場合です。

この時、分けた後の土地が共有していた時の割合と違った場合は、増えた分は贈与になります。

例えば、兄弟で1つの土地を、兄70％、弟30％の割合で共有していたとします。この土地を半々に分けて、2つの土地にし、それぞれ別の土地として登記をすると、兄50％、弟50％になります。この場合、兄は弟へ土地を20％贈与したことになります。

④親族から安く土地を譲り受けた時

親や親族から土地を極端に安い金額で譲ってもらった場合、実際の土地の時価と支払った金額の差額分は、贈与したとみなされてしまい、贈与税が課されます。

時価の80％程度で譲り受けるのであれば大丈夫ですが、それより安く譲ってもらうと、贈与とみなされるので注意してください。

⑤負担付贈与をした時

負担付の贈与とは、住宅ローンが残っている土地を贈与するなど、土地に負担がある場合のことを指します。

この場合、土地の時価から住宅ローンの残りを差し引いた金額が贈与税の対象金額となります。

以上が、土地が贈与とみなされる5つのケースです。土地を贈与する場合は贈与税が課税されます。贈与税は土地を譲り受けた人（受贈者）が支払う決まりになっています。

「あげた人」ではなく「もらった人」に課税されますので、受贈者に贈与税の支払いがあることは事前に伝えておきましょう。

❷ 親から子へ土地をあげた時の税金どうなる？

親から子へ、土地の名義を変更する際には、贈与税が課されることがあるため、解説しておきましょう。

贈与税の課税方法は、大きく分けて「暦年課税制度」と「相続時精算課税制度」があります。

【暦年課税制度】

暦年課税制度は、その年に受けた贈与の合計額が対象となり、毎年110万円までは非課税で、それ以上の贈与を受けた場合には贈与税がかかります。

孫や子供が定期的に贈与を受けることで、110万円までは非課税となるため、相続税対策としても効果があります。

なお、暦年課税は贈与者と受贈者との関係および受贈者の年齢により、特例贈与または一般贈与に分類され、同じ贈与額でも税率が異なります。

例えば、親から子へ土地を贈与した場合、贈与税が課税されることになりますが、特例贈与の適用を受けることができるため税率は低くなります。

【相続時精算課税制度】

相続時精算課税制度は、60歳以上の親や祖父母など直系の親族から、成人した子や孫に贈与する時の制度です。

不動産など贈与財産の累計が2500万円までなら、贈与税を払わずに受けとることができます。2500万円を超えると、一律20%の贈与税が課税されます。

一見お得に見えますが、相続の際には、贈与を受けた財産を相続税の計算に加えて、一括で相続税を納めることになります。

例えば、お父さんから2500万円の不動産を贈与された場合、その時は贈与税を払わずに受け取ることができます。

しかし数年後にお父さんが亡くなって、3000万円の現金を相続で受け取ることになると、先に受け取った不動産の2500万円を加えて、合計5500万円が相続財産になりますので、その額で相続税が計算されてしまうのです。

しかも、相続時精算課税制度を一度使ってしまうと、暦年課税制度には戻ることができません。毎年110万円までなら贈与しても税金がゼロになる暦年課税制度は併用できません。

ですから、暦年課税制度で、毎年110万円を贈与するか？

相続時精算課税で累計2500万円を贈与するのか？

どちらにするのかは、よく考えて使う必要があります。

少し難しい部分もあったと思いますが、ここからが本題です。

親から子へ土地の名義変更をする場合は、贈与になるため贈与税が課されます。

贈与税はかなり高額になりますから、贈与税を支払いたくない方は、「相続時精算課税制度」を使って贈与してください。

ただし、贈与で土地を取得する場合は、「不動産取得税」「登録免許税」を支払って、土地の名義変更をすることになりますので、それなら、相続の時に土地の名義変更をするほうがお得です。

相続財産の額にもよりますが、3000万円＋（600万円×法定相続人の数）までなら相続税は課税されませんから、相続の時まで待って、土地の名義変更をするほうが得だと言えるでしょう。

土地の名義変更を贈与でするか、相続でするかは、よく考えてから登記するようにしましょう。

❸ 実家を貰うなら「生前贈与」と「相続」どちらが得？

親の家を、いずれは引き継ぐけれど、親が生きてる間に「生前贈与」で貰うほうがいいのか？　それとも、亡くなってから「相続」で貰うほうがいいのか？　どちらが得なのか？


税金が安いのはどちらなのかは気になるところです。

結論から先に言うと、贈与で貰うより、相続でもらうほうが得です。

もちろん財産額によって異なるのですが、一般的な人であれば、不動産を譲り受けるなら、贈与より相続で貰うほうが得だと言えるでしょう。

それでは、まず生前贈与の場合の税金を計算してみましょう。

生前贈与で発生する税金は3つ。

「贈与税」、「登録免許税」、「不動産取得税」です。

家を生前贈与でもらった場合の贈与税は、次のように算出されます。


(不動産の評価額 − 110万円) × 税率 − 控除額＝贈与税

ここでいう不動産の評価額とは、土地は路線価、建物は固定資産税評価額から算出されます。そのため実際に売買されている価格よりも、かなり低くなります。エリアにもよりますが、おおよそ市場取引価格の7割程度になります。

仮に、評価額が2000万円の家を親から子がもらった場合、贈与税は約585・5万円となり、結構な額になります。

せっかく家を貰っても、こんなに高い税金を払うのはイヤだという人は、「相続時精算課税制度」を利用して贈与する人が多いです。

相続時精算課税制度であれば、2500万円までの物件なら、贈与税が課されないため、親から家を譲ってもらっても贈与税は払わずに済みます。

ただし、この相続時精算課税制度は、読んだ字のごとく、将来、相続する時には貰った財産は親の財産に戻して精算してから、相続税を計算することになるため、相続税対策にはなりません。

次は、家を相続で貰った場合で計算してみましょう。

相続時の基礎控除　３０００万円＋（６００万円×法定相続人の数）

例えば、親の遺産を兄弟２人で相続した場合だと、４２００万円が基礎控除額になります。家を含んだ遺産の総額がこの範囲内に収まれば、相続税を払わずに家をもらうことができます。

親から家をもらう場合で、贈与か、相続か、どちらが得なのかを比較する時、「贈与税」、「相続税」、どちらの税金も課税されないと仮定すると、登録免許税、不動産取得税で差が出ます。

	登録免許税	不動産取得税
生前贈与	2%	3%
相続	0.4%	なし

評価額2000万円の場合
生前贈与：登録免許税2％＝40万円、不動産取得税3％＝60万円
死後相続：登録免許税0・4％＝8万円、不動産取得税＝0円

こうして比べてみると、生前贈与で貰うよりも、親が亡くなってから相続で貰うほうが税金面では得だと言えます。

また、贈与税や相続税の税額は、その時点での評価額で計算されることになっていますので、家がまだ新しい時は評価額も高いため、税金も高額になります。

しかし、将来、相続する頃になれば、建物も古くなり評価額も下がっているため、税額も低くなります。この点でも、相続のほうが得だと言えるでしょう。

また、相続で貰う場合は、毎年110万円までの暦年課税制度も使えますから、これから時間をかけて、毎年110万円ずつを子供に渡して財産を減らし、相続税を少なくするほうが相続税対策としても有効です。

ここでひとつ注意点があります。

親の家を譲ってもらう場合は、「遺産総額が基礎控除額内」であれば、相続で貰うほう

がお得だと伝えてきましたが、人によっては生前贈与が向いている場合もあります。

例えば、特定の人に不動産を譲る場合や、相続だと揉めそうな場合には、生前贈与も検討しておきましょう。

実は相続財産が現金の場合は簡単に分けられるのですが、不動産の場合は、切って分けるわけにいかず、どのように分けるのか遺産分割協議で問題になりやすいのです。

生前贈与と相続のどちらが向いているかは、ケースバイケースです。

親から子へ家を譲る場合は、親の希望や、子の人数、財産の多い少ないなどで、どちらを選択したほうが良いのかは変わってきます。

まだ選択することが可能な方は、ぜひ親子で話し合う時間を作ってください。

もうひとつの選択肢としては、トラブルの種である家は、あらかじめ売却して、現金化しておくという方法もあります。

現金化しておけば遺産分割協議で揉めることもなく、遺産の分配もスムーズにできるため、相続が発生する前に売却するという人もいます。

遺産分割協議に親は参加することができません。

親は、自分が残した財産で子供たちが争ったり、相続税で負担を与えないために、そして子供は、親が残した財産を親が望まない形で手放すことにならないために……この機会に家をどうするのか決めておきましょう。

どちらにしても日本人は、相続や贈与の話をするのはタブー視されているため、嫌う人が多いのですが、親が元気なうちに早目に将来のことを話し合っておくほうが、お互いのためになると思います。

この機会にぜひ一度、親子で話し合ってみましょう。

❹ 孫に不動産を相続させたい

自分の家を子供ではなく、孫に相続させたいのですが、可能でしょうか？　といった相談がよく寄せられます。

というのも、親から子へ相続する場合だと、親は70～80代で、子も40～50代になっています。子といっても、この年代になると、すでに自分自身の家を持っている年代ですし、孫たちも大学や社会人となり、家を出ている家庭もあるでしょう。

そんな状況ですから、今さら子が親の家を貰ったところで使い道がないわけです。

それならば、将来的には孫が相続することになるから、最初から子ではなく、一代飛ばして「孫に相続させたい」と、多くの方が思われているのです。

名義変更の手続き等も一度で済みますから、手間や費用もかからなさそうです。

では、このように、不動産の相続を子ではなく孫に直接行うことは可能なのでしょうか？　結論からお伝えしますが、原則できません！

なぜなら、相続には法律で定められた「順番」が存在するからです。そして、この相続の順番には、残念ながら孫は含まれていないのです。

つまり、おじいさんやおばあさんの家を相続する権利が、孫には存在しないということです。

例えば、次ページの図のように、祖父が亡くなった場合、相続権は、祖母とその子である父と叔父です。

この3人にしか相続権はありません。

そのため、相続権のない孫が、祖父から直接相続することはできないのです。

しかし、孫の名義に変更する方法はあります。

例えば、祖父から一旦子である父が相続し、それから孫へ贈与して名義変更することは可能です。

ただし、名義変更の費用が、祖父から子へ相続する時と、子から孫へ移す時の2回分必要になってしまいます。

この場合は、子から孫へは「贈与」で渡すことになるため、贈与税が発生することもあります。このパターンは、祖父が亡くなってから名義変更するやり方です。

次は、祖父が生きている間に、孫に名義変更する方法を紹介します。

まず、1つ目の方法は、「祖父が生存している間に、遺言書を書いておく」というパターンです。もちろん、遺言書の中身は、「孫に不動産を譲る」という内容です。

ここで注意しなければならないのは、「譲る」といった部分は「相続させる」ではなく「遺贈する」という言葉を使うことです。

これは遺言書の書き方で、法定相続人に対しては「相続」、法定相続人以外の人に対しては「遺贈」という言葉を使うからです。

遺言書を作る場合は注意してください。

もう1つ気をつけたいのは、孫への遺贈は「相続」ではなく、「贈与」というカタチになるため、不動産の名義変更時にかかる「登録免許税」が、相続時の5倍になってしまいます。

例えば、不動産の評価額が3000万円、相続で名義変更する場合の登録免許税を12万円とすると、遺贈の場合は60万円になってしまいます。

また、遺言書が存在するからといって、必ずしもその通りに不動産を受け取れるわけではありません。たとえ遺言書に「孫に不動産を遺贈する」と書かれていたとしても、ほかの相続人から反発され、「相続分は法律に基づいてしっかり貰います」と主張され、支払いを求められる場合があります。

これを「遺留分侵害請求」と呼びますが、このような揉め事が生じないように、十分な注意が必要です。

遺言書を作成する際には、事前に家族間で話し合いしておくことを強くお勧めします。


2つ目の方法は、祖父と孫が養子縁組するという方法です。

養子縁組をすると、法律上では祖父と孫の関係が「親子」となります。

つまり、孫であっても法的には祖父の子として扱われるため、祖父が亡くなった時には孫も子である父と同じ順位で相続人となり、不動産を相続することが可能となります。

ただし、これには注意が必要です。養子縁組をしても自動的に孫が不動産を受け取ることが保証されるわけではないからです。相続人同士で祖父の財産をどのように分けるかを遺産分割協議で話し合い、その中で「不動産は孫に渡す」と決める必要があります。

そうすることで、祖父名義の不動産を直接、孫に名義変更することができるのです。


3つ目は、「代襲相続人《だいしゅうそうぞくにん》」となる方法です。

ただし、この方法には条件があります。それは、祖父よりも先に子である父が亡くなっている場合に限られるということです。

この「代襲相続」という状況では、孫が父の代わりに法定相続人となり、その結果、祖父から孫に直接的な名義変更が可能となります。

これは代表的なケースですが、ほかにもさまざまな状況が考えられます。詳細を知りたい方は、弁護士や専門家に相談されることをお勧めします。

最後の４つ目は、生前贈与です。

生前贈与とは、「生きている間に財産を贈ること」を指します。

生前贈与であれば、不動産の所有者である祖父が存命中に、孫に家を譲ることが可能です。

ただし、この場合は贈与税が発生しますので、贈与税を軽減するためには「暦年課税」や「相続時精算課税」の利用を検討しましょう。

第7章

強い気持ちで売れ！

❶ 不動産は強い気持ちで売れ！

「不動産売却」の方法と聞いたら、どうやったら高く売れるのか？　早く売るにはどうしたら良いのか？　など売り方のテクニックについては、本やネットで数多く出回っていて、みなさんも目にすることがあると思います。

本書でも何度もさまざまな角度から不動産売却のあの手この手を解説してきました。テクニックは繰り返しになってしまうかも知れません。実際はそのようなテクニックも大切ですが、実は売却で一番大切なのは、「売主の気持ち」の部分なのです。

気持ちが大切だなんて話は、ほとんど聞いたことがないと思いますが、売却した後で、あなたが実際に満足できるかどうかは、この気持ちの部分に大きく左右されるのです。

では、どんな気持ちなのかと言いますと、見出しの通り「不動産は強い気持ちで売れ！」これが一番大切なのです。

サッカー日本代表ではありませんが、強い気持ちを持って売却に臨むことが、不動産売却では重要なポイントになるのです。

そこで、この最終章では、売り方や販売方法など戦略的な話ではなく、気持ちの部分、つまり売主の心構えやマインドについてお伝えします。

まず、不動産売却で、あなたが望んでいることは何でしょうか？

おそらく「高く売る」か「早く売る」ことを希望されるでしょう。突き詰めると、ほとんどの人がこの2点のどちらかに絞られると思います。

ひょっとしたら、「大切に使ってくれるなら、売却金額はいくらでもいい」って考えの人もいるかもしれませんが、この本を手に取って読んでいる読者の中には、そんな奇特な人はいないのではないでしょうか。少しでも多くのお金を手元に残したいと思うのは当然です。

一口で不動産と言っても、戸建て・マンション・土地・投資物件などいろいろとジャンルがあります。また、売りたい家に住みながらも売却する人や、空室の家を売却する人もいます。相続で遠方にある家を売却する人もいるでしょう。そんなさまざまな条件を抱えながら、不動産を売却する売主は、どういう気持ちで挑んだら望み通りの満足のいく売却ができるのでしょうか？

それは、「売主の心構え」が、大きく影響してくるのです。

では、どのような心構えなら満足のいく売却ができるのかを一緒に考えてみましょう。

まず、売主の望みである「高く売る」「早く売る」という、この2つの条件を満たすことができれば、多くの方は「満足のいく売却だったな」と感じます。

では、何を基準に高く売れたのか？　何を基準に早く売れたのか？

実は、この判断が難しいのです。基準と言っても、人それぞれバラバラです。金銭感覚も違うし、時間感覚も違います。

1週間が早いのか？　1ヶ月が早いのか？　その人の感じ方で違ってきます。

しかもこの基準というのは、同じ人であっても、時と場合によって感じ方が変わるという、厄介なものなのです。

例えば、同じ10万円でも給料日前で手持ちが無い状態での10万円と、ボーナスを貰って懐がホクホク状態での10万円とでは感じ方が変わります。

そんな経験は誰もが持っていると思います。

そうです。実は、人の基準とはそれだけ曖昧なのです。ですから、まずあなたが満足できる基準をきちんと最初に決めておくことが、とても大切になってくるのです。

そして、この自分が決めた基準を無事クリアすることができたら「売却成功」という明確なゴールを最初に決めておくのです。

この基準を決めずに、あいまいな気持ちのままで売却に臨むと、売った後で「もう少し高く売れたんじゃないか？」と後悔することになりかねません。

では、この大切な基準はどのようにして決めていけば良いのでしょうか。

この最終章では今までの復習を兼ねて、もう一度具体的に見ていきましょう。

まず最初は価格の基準です。これを明確に決めることが売却においては特に重要です。

「高く売りたい」という気持ちはもちろんわかります。けれども漠然と「高く」とは何を基準に、あなたは「高く売りたい」と思うのでしょうか？

もちろん、誰でも高く売れるほうがいいに決まっているのですが、不動産には「相場」というものが存在します。

5000万円の物件を、たくさんお金が欲しいからといって、倍の1億円で売りたいと言ったところで、しょせん無理な話なのです。

そんなことは当然わかっているよ、と思われるでしょう。

そして、恐らくみなさんが考えているのは、買った当時の金額を1つの基準にしているのだと思います。

例えば「俺はこの家を5000万円で買ったのだから、5000万円で売れたらいいな」とか……。

でもよく考えてください。新築で買ってからそこに何年も住んで、同じ価格で売るなんてちょっと虫が良すぎる話だとは思いませんか？

エルメスやグッチのブランドのバックだって、新品で買った値段では売れませんよね。

つまり、一般的に新品と中古では、価値が同じということはないのです。

もちろん、すごい人気のあるエリアや、いきなり地価が高騰したという状況であれば、中古物件のほうが高いという逆転現象もありますが、それはごく一部に限られます。日本全国で見ると極めて限定されたエリアになります。

基本的に、建物の価値は築年数の経過とともに下がっていくものです。これを「経年劣化」と言います。ですから買った当時の価格を基準にするのはやめておきましょう。

それでは、何を基準にするのが良いのでしょうか？

それは「相場価格」です。自分の家の近隣で売買されている市場の価格、これを基準に考えてください。この「相場価格」で見積もった価格を参考にして、自分の家が相場よりも高く売れたら、なんか得した気分になりませんか？

あなたが売りたい家の近隣の「相場価格」が５０００万円だったとしましょう。売りに出して５２００万円で売れたら、２００万円儲かった気分になりませんか？　相場より高く売れて「良かった」と思うはずです。

では、この「相場価格」とは、一体誰が決めているのでしょうか？

不動産会社が言う「相場価格」とは、過去にあった取引事例を参考にそれぞれの不動産会社が決めているのです。そのため、不動産会社に「この家の相場価格はどれくらいですか」と尋ねると、どこの不動産会社も大体同じような価格を提示してきます。

もちろん、中には見当はずれな価格を提示してくる不動産会社もいますが、これは例外です。何にでも例外はつきものですが、何社か不動産会社に問い合わせてみるとわかるものです。大きく外れた相場価格を提示する不動産会社は怪しいので、無視して付き合わないようにしましょう。

少々気をつけたいのは「相場価格」は取引事例を参考にして算出されているということです。日々、不動産の売買は行われていますから、過去の取引価格と、今現在の取引価格とでは金額が変わっていることは当たり前のように起こるのです。

そのため、同じエリア内であっても、去年はこの価格で取引されていたのに、今ではまったく違う価格になっているという場合もあります。

「去年がこうだから、大体この価格で決まっている」とは一概には言えないのが不動産の価格なのです。

例えば、近隣で中古物件がたくさん売りに出ていれば、供給過多になるため「相場価格」は下がりますし、逆にほとんどそのエリアで中古物件が売り出されていなかったら、品薄状態になり希少物件となるために相場は高くなるというわけです。

そういったことから、過去の取引事例だけではなく、現在の状況を加味した「相場価格」を求めることが重要になるのです。また、「相場価格は市場価格」でありマーケットが決めるので、そこに高くしようとか安くしようという不動産会社の意思は入りません。

このように不動産会社の主観では決めることができないのが「相場価格」なのです。

私も、売主様から「ウチの自宅の相場ってどれくらいするんですか？」と聞かれるから、この物件だと相場は○千万円位になりますね、とお伝えすると、「えっ、そんな安いの。そんなわけないでしょ」とキレる方がいらっしゃいます。

相場はあくまでも市場価格をお伝えしているだけですので、いくら私が高い価格にしてあげたくても変えることはできないのです。逆にこちらの気分で勝手に相場価格を変えてしまうと売れるものも売れなくなってしまうことになります。

高い、安いは個人の主観です。だから、主観ではなく客観的に「相場価格」を知り、まずは自分の家の客観的な価値を理解することが大切なのです。

今は、ネットや雑誌などで簡単に情報が手に入る時代です。「相場価格」を知るために、「ＳＵＭＯ」など不動産情報サイトを調べるのはとても勉強になりますし、参考価格になると思います。過去の取引事例ではなく、今現在売られている価格がわかりますから。
ただし、サイトに掲載されている価格は、今現在販売中の価格であって、実際に成約した価格ではないので注意が必要です。

というのも実は、サイトに掲載されている販売中物件の価格は、初めから市場価格より若干高く設定されている場合が多いからです。

初めは高めの価格で掲載しておき、買いたい人が現れたら金額交渉でその高くした分を値引きして成約させるという手法を取ります。こうすると買い手は、値引きできた優越感が生まれますので成約しやすくなるのです。

「レインズ」は、不動産会社しか見れない不動産取引情報サイトです。

私たちプロが参考にするサイトなのですが、そこで過去の取引事例を見ると、ほとんどの物件が初めに売り出した価格よりも安い価格で成約されています。

よく「レインズ」で見かけるのは、4980万円で売り出しておいて、成約した時の価格は4900万円という具合です。

特に関西は値引きの文化があるので、当初は高めの価格で売り出しておき、後で値引くっていうのは当たり前のように行われています。ですから４９８０万円という価格のうち〝80万円〟という数字は値引き代として初めから設定されているのだとわかります。

ほかに相場を知るための方法としては、一括査定サイトを使い、複数社から自分の家の「査定価格」を貰って平均値を見るというやり方もあります。

ここで、各不動産会社の「査定価格」を見れば、大体の相場はわかります。

この時の「査定価格」ですが、最近は一括査定の場合だと各社ともかなり高めに出してくる傾向にあります。それを鵜呑みにせず、実際の相場は査定価格よりも安いと考えておきましょう。


さて、あなたの家の相場がわかったとしましょう。

次にすべきは、〝3つの価格設定〟をすることです。

「3つの価格設定」とは、まず基準となるのが市場で取引されている〝相場価格〟です。

そして、それよりも高くあなたが希望する〝チャレンジ価格〟。

最後に絶対これ以下では売りたくないという〝最低価格〟を設定します。

この3つが「3つの価格設定」ということになります。

まず、相場よりも高い「売れたらいいな」という希望の〝チャレンジ価格〟ですが、好きな金額、納得できる金額で大丈夫です。でも、あまり欲をかきすぎて、高くし過ぎると売れなくなりますので加減するように金額設定には注意が必要です。

家を買う人は、いろいろな物件を見ていますし、ネットで不動産情報サイトを閲覧して情報も集めています。むしろ、売主のあなたよりも沢山の物件を見ている状態ですから、相場情報に詳しいと言っても過言ではありません。

ですから、売れたらいいなと希望する〝チャレンジ価格〟であっても、あまりに相場からかけ離れた高い価格だと売れませんので意味がありません。オススメは市場相場より1割増しくらいで設定することです。

もちろん、〝チャレンジ価格〟ですからもっと高い価格設定でも構わないのですが、あまり欲張らずに買主が少し手を伸ばせたら届くかな？　と思えるような価格設定をするのが現実的です。

次に、この価格以下では売らないという最低ラインを決めましょう。

絶対に相場以下では売りたくないという人は「相場価格」でも構いませんし、不動産会社が買い取ってくれる、「買取価格」でも構いません。

不動産会社の「買取価格」は、大体、相場の2〜3割安い価格になりますが、これを最低ラインに設定してもいいと私はいつもご提案しています。

要するに、「相場価格」は変動はあるものの市場で決まってしまうので、自分では決められませんが、それ以外の〝チャレンジ価格〟や〝最低価格〟の設定は自分で決めることができるということです。

これで3つの価格、チャレンジ価格、相場価格、最低価格が決まりました。

次に、売れるまでの「期間」を設定します。

いつまでに売りたいのか、という期限を決めましょう。

1ヶ月なのか、半年なのか、1年なのか？

期間によって、売却方法や売却価格が変わってきます。

売却方法ですが、スグに売りたい人、価格よりも早さを重視する人は、「買取」を選んでください。不動産会社が、あなたの家を直接買い取ってくれますので、価格さえ合えばスグ契約ができます。

これが先ほどの「買取価格」です。早ければ1週間程で現金が手に入ります。

そこまで早さは重要視しない。早さも大事だけど、価格も大事。そういう人は仲介での売却になります。

不動産会社に依頼して買いたい人を探してもらう方法です。非常に急いでいる売主を除き、多くの人は仲介を通して売却を依頼するのが通常です。

仲介で売る場合は、売りたい期間によって、売り出す価格が変わってくるため、自分がいつまでに売れたらいいのか、ハッキリと期間を決め、不動産会社に伝えておきましょう。

価格と期間が決まったら、次は「販売戦略」です。

早く売りたいなら安くなりますし、高く売りたいなら時間がかかることを覚悟しましょう。自分がどこで折り合いをつけるのかがポイントとなります。

基本的には、「相場価格」で販売を開始した場合、平均すると3ヶ月くらいで売れています。

それを目安に、売れるまでの期間別に販売方法を見ていきましょう。

①販売期間を決めていない人

期限を決めていない人は、〝チャレンジ価格〟で売り出します。

自分の納得のいく価格で売り出し続ける方法です。もちろん、高いので販売期間は長期化することが予想されますし、ずっと売れない場合もあります。

②1年以内に売りたい人

売り出し始めは〝チャレンジ価格〟で販売を開始。3ヶ月目からは相場価格の1割増しに価格変更して販売。6ヶ月目からは〝相場価格〟で販売。9ヶ月目からは〝最低価格〟で販売します。

③6ヶ月以内に売りたい人

売り出し始めは〝相場価格〟の1割増しで販売を開始。3ヶ月目からは〝相場価格〟で販売し、4ヶ月目以降は値下げ交渉が入ったら対応しましょう。5ヶ月目からは〝最低価格〟で販売します。

④3ヶ月以内に売りたい人

売り出し始めは〝相場価格〟で販売を開始。2ヶ月目以降は値下げ交渉が入ったら対応しましょう。3ヶ月目に入ったら〝最低価格〟で販売します。

⑤1ヶ月以内に売り切りたい人

不動産会社に直接買い取ってもらう「買取」を選ぶのが賢明です。

このように売却期間によって、どのタイミングで、いくらで販売するのかを売り出す前に決めておくことが大切です。決めたら後は実行するだけです。

どのタイミングで価格変更を行って販売するかを明確にしておくことがいかに重要なのかは不動産売却を実際に経験してみるとわかるものです。

売主の期待と焦燥感、不安などの心の揺らぎを経て、ヘトヘトになって売れた後で後悔することもしばしばなのです。ですから不動産売却は、販売スケジュールがとても大切です。スケジュールが決まると気持ちに余裕が生まれます。ただし、欲張らないことです。

不動産は常に〝最高価格〟で売れるとは限りません。

ただ不動産は1点ものですから、たまたまラッキーパンチで想定より高く売れることがあるのも事実です。しかし、そういったことを踏まえても、結局は市場による影響を一番大きく受けるということを経験上断言できます。

このことを十分に理解したうえで、強い気持ちを持って、初めに決めた販売スケジュールに従って売却することが大切なのです。

途中で値下げするのが惜しくなり、販売スケジュールに逆らって高い価格のままで、売り続けていたら、ある日突然、近隣にあなたの家よりも良い条件のライバル物件が現れてしまい、そっちが先に売れてしまうこともあります。

そうなってしまうと、その後はあなたの物件は売れ残りになってしまいます。するとズルズルと値下げを繰り返して売り続けなければならず、結局は予定していた価格よりもっと安い価格で売ってしまった残念なケースも少なくありません。

「あの時、計画通りに値下げして売っておけば良かった」と、後悔しても後の祭りです。過ぎ去ってしまった時間やお金は、二度と取り戻すことはできません。

私が申し上げたいのは、「値下げするのも販売戦略の1つ」だということです。

その時々の感情に揺り動かされるのではなく、「強い気持ち」を持って売却を成功させましょう。

❷ 50代で家を売る時のパーフェクトガイド

50歳を過ぎると家の売却を検討し始めることが多いと言われています。

50代になると子供が独立し、夫婦2人だけで生活する家庭や、逆に親の介護が必要になり、家族と同居することもあります。家族構成が大きく変化するこのタイミングで、自分の家を売却して新しい住まいを考える人が多いのです。

50代で家を売るメリットは3つあります。それぞれについて解説しましょう。

【50代で家を売るメリット】

①物件が高値で売れる

例えば、30代で新築の家を購入し、50代で売却する場合を考えます。

この場合、その家は築20年となりまだ十分に住める状態であれば、査定の評価も高くなります。

つまり、50代の築年数が浅いうちに家を売却することで、物件自体が高く売れ、次の住まいの購入資金として得られる金額も増えるのです。もし売却価格よりも次の住まいの価格が安ければ、住み替えに伴う費用はかからずに新しい住まいを手に入れることができます。

これが50代で家を売却する際の1つ目のメリットです。

②住宅ローン審査が通りやすい

50代で家の売却を検討している方は、多くがまだ現役で安定した収入を持っています。そのため新しい住まいの購入に際して、住宅ローンを活用することが可能です。この安定収入が住宅ローンの審査をスムーズに進める要因となります。

一方、仕事を引退した後に購入する場合は、住宅ローンを組むことが難しくなり、貯金を切り崩したり年金からの支払いになるため、購入が難しくなるのです。

住宅ローンが組めると、自分の希望する住まいを購入しやすくなり、手元に現金を残しておくことも可能です。現在の住宅ローンは低金利の傾向にあり、手持ちの資金を使わずにローンを組むことで、ほかの投資に資金を回すことも可能です。

例えば、現在の住宅ローンの変動金利は1％以下です。そのため、住宅ローンを利用して購入し、自分のお金を株式などに投資して1％以上の利回りを得ることも可能です。

さらに、住宅ローンを組んだ場合は、住宅ローン控除の優遇制度などもあり、税金も軽減されます。このように、住宅ローンを組むメリットは大きいのです。

③環境の変化に適応しやすい

住み慣れた家を離れ、新たな家に移ることは、精神的にも肉体的にも変化を受けることになります。

年齢を重ねると、気力や体力は次第に衰えていくものです。ですから、衰える前の50代のうちに住まいの変更を行えば、新しい環境にも適応しやすいでしょう。

さらに、周囲のサポートにも頼る必要なく、自分自身が快適な生活を送ることができるのです。

また、50代で引っ越しをすると、定年後も同じ住まいで過ごすことができ、将来的な環境の変化を心配する必要がありません。


ここまでは、メリットについてお話ししてきましたが、ここからは50代で家を売る時の注意点についてです。50代で家を売る時の注意点は３つあります。

【50代で家を売る注意点】

①資金計画を綿密に立てる

50代の間は安定した収入がありますが、退職を迎えるとその収入は当然なくなります。また、今後は親の病気や介護、そして自身の介護など、思いもよらない出費が増える可能性もあります。

そのため、現在の住まいをいくらで売り、次にどのくらいの価格の物件に移り、そして毎月のローンがいくらになるのか綿密に計画することが重要です。

無計画に買い替えを行ってしまうと、新しい住まいのローンが支払えなくなったり、介護に必要な資金が不足してしまったりと、将来の生活で予期せぬ困難に陥る可能性があります。

特に現代では退職金が減少することや年金の受給時期の変動が起こることも考えられるので、臨時収入に頼らずに、しっかりと資金計画を立てることが重要です。

②相場を知る

これは50代に限らず不動産売却を考える際には必要不可欠な要素です。

立地や間取り、築年数など、自分の家と同様の物件が現在の市場で、どの程度の価格で取引されているのかを知ることは、売却において非常に重要なポイントです。

50代で売却すると、高値で売れるのがメリットだとお伝えしましたが、高値での売却を実現するためには「相場を知る」ということが欠かせません。

50代で売却することによるメリットを最大限に生かすために、相場はしっかりと把握しておきましょう。

③売り先行《せんこう》にする

「売り先行」とは、今住んでいる家をまず売却し、その後に次の住まいを購入する方法です。「買い先行」とは逆で、まず次の住まいを決めてから現在の家を売却する方法です。

両者には良い点と悪い点がありますが、50代での不動産売却では「売り先行」をおすすめします。

なぜなら、「売り先行」の場合は、現在の家を売却した資金で次の家を購入するため、資金的な負担が軽減されるからです。もし売却が順調に進み、高値で売れた場合は、少し安い物件を購入することで、持ち出し資金なしでの住み替えが可能です。

一方、買い先行の場合、新しい家を先に購入するリスクがあります。現在の家が期待価格で売れなかった際、その差額も自分の資金で補う必要が生じます。

退職を控えている50代にとって、買い先行はリスクが高いため、売り先行での住み替えをオススメします。

❸ 60代で家を売る時のパーフェクトガイド

60代に入ると、多くの方が仕事を退職したり、子供の独立に伴って部屋が空くことが増え、家の売却を考えるタイミングが訪れます。

また、60代になると親や親戚もかなり高齢になっているため、実家や相続に関する問題も浮かび上がり、売却についての検討が増えるのです。

実際に60代の方とお話しすると、ほかの年代の方と比べて、不動産の売却についてよく調べていますし、さまざまな情報を知っている方が多くいらっしゃいます。

60代で家を売るメリットは3つです。順に解説していきます。

【60代で家を売るメリット】

①不動産の価値があるうちに売れる

不動産売却の世界では、「築年数30年が売却のタイムリミットだ」と言われることがあります。もちろん、物件によって異なる要素もありますが、築年数が30年以上経過すると、思っているような価格での売却が難しくなることが多いのです。

ただし、地価が上昇している人気エリアでは、建物の価値に関係なく価格が上がっていることもあります。

30代で新築として購入した不動産は、60代を迎えると築30年となります。築30年を迎える前の売却は、売れやすさや新居資金の準備に有利です。

60代には、仕事を退職している方や、再雇用で収入が減少している方が増えるため、売却金額の確保は大きなポイントです。

築年数30年より前の売却は、価格面での期待が持てるというメリットになります。

②介護しやすい環境に引っ越せる

平均寿命が80歳超の日本においては、60代を迎えたと言っても、まだ20年以上の人生が残されています。

この20年の間には、自分自身の介護が必要になるかもしれませんし、家族の介護が必要になるかもしれません。その場合、今、住んでいる家が介護しやすい環境であると、自分自身や介護をしてくれる人にとっても、快適な生活が送れるでしょう。

介護しやすい家とは、段差がなくバリアフリーになっていることや、広々としたお手洗い、手すりの付いた浴室などの設備がある住宅のことです。

もし、戸建てに住んでいて階段の心配がある場合は、マンションへの住み替えも視野に入れておきましょう。60代で不動産を売却する場合は、早い段階で「介護を見据えた」住まいへの住み替えができるということになりますので、これは大きなメリットと言えるでしょう。

③管理の負担を少なくできる

家を使用していなくても掃除は欠かせません。庭を持っている場合、定期的に草取りも求められるため、維持するための管理は必要です。

60代になって子供が巣立ち、住む人数が減る中で、このような手入れを続けることは、肉体的にも負担になってきます。

そこで、60代になったら、不動産を売却し、管理の必要がないマンションなどへの引っ越しを検討することで、負担を軽減することができます。

ここまで、メリットについてお話ししてきましたが、次に注意点についてお伝えします。

60代で家を売る時の注意点は3つです。

【60代で家を売る注意点】

①相続に注意

60代で不動産を売却し、新しい家を購入する際には、相続に注意が必要です。

将来、自分が亡くなった際に、新しい家の処分や相続はどうするのかを、あらかじめ考える必要があります。新しい家の名義についても、家族と話し合っておくことが重要です。

家を相続すると、固定資産税や場合によっては相続税も発生するため、予期せぬ出費になることがあります。

また、万が一自分が認知症を発症し、判断力が低下した場合にはどうするのかも考慮しておきましょう。

認知症対策としては、「家族信託」という制度があります。

家族信託とは、自分自身で財産の管理ができなくなった場合に、事前に家族に財産を管理する権限を与えておくことです。

相続や認知症への対応は重要事項ですので、将来に備えた対策をあらかじめ検討しておきましょう。

②綿密な資金計画を立てる

60代になると、先ほどお話ししたように、仕事をリタイアし、収入構成が大きく変わります。これまでの定期的な給与収入がなくなるため、住み替える場合は、資金計画をしっかりと立てる必要があります。

また、退職金などで一時的にまとまったお金が手に入る可能性もありますが、それに頼り切った資金計画は注意が必要です。

退職金を元に、新しい物件購入の計画をしていても、受け取る金額が予想より少ない場合、貯金を切り崩すリスクがあります。そうした事態を回避するため、資金計画は予想以上に慎重に策定することが求められます。

将来に備えて、財政面の安定を考慮した資金計画を立てることで、住み替えによる生活の変化をスムーズに受け入れることができます。

③今の住まいの査定価格を早めに知る

不動産は築30年までに売却するほうが売れやすく、より高値での売却が可能です。
ただ、いつか住み替えたいと考えつつ時間を過ごすと、「気づけば築年数が30年を越えていた」という状況になることも……。注意が求められます。

次の住まいの具体的な検討には、「今の家がいくらで売れるのか？」という査定価格の把握が重要です。現在の家の価値を知ることで、それに見合った次の住まいを探しながら売却手続きを進めることができるからです。

60代で不動産売却を考える場合は、できるだけ早めに査定してもらい、自分の家の価値を正確に把握しておくことをお勧めします。

家の評価額がわかれば、スムーズな住み替え計画を立てることができます。

❹ 70代で家を売る時のパーフェクトガイド

70代になると、これまで所有していた不動産を売却しようか考えている方はかなり多くなります。

その理由は、将来の相続に備えて不動産を売って現金化しておこうと考えている人がいるからです。

調査によれば、70代で不動産売却をする人のうち、4人に3人は「相続を見据えた売却である」というデータもあります。

ただし、70代での不動産売却には5つの注意点が存在します。

この注意点をしっかりと把握しておけば、売却の成功率を大幅に向上させることができます。

注意点①「保険料の値上げ」

仕事をリタイアした後は、国民健康保険や後期高齢者保険に加入している方が多いです。これらの保険料は、前年の所得に応じて変動することをご存知でしょうか。

「所得」とは、その年に得た金額のことを指し、給料や投資による収入なども含みます。そのため、不動産の売却による収入も所得として計算されます。

したがって、不動産売却で利益が出た場合は、所得に加算され、翌年の保険料が高くなる可能性があるのです。

保険料の算定は売却した翌年に行われるため、予想外に高い請求がくることもあります。もし売却で得たお金をすべて使ってしまっていると、手持ちの現金がなく、支払いが困難になるかもしれません。そのため、保険料の値上げは事前に見込んでおくことが重要です。

売却したお金は、住み替えや引っ越しに使うだけでなく、将来の保険料に備えて残しておくことも考えておきましょう。

注意点②「税金の支払い」

不動産売却で利益が出た場合、必ず税金の支払いが発生します。具体的には所得税と住民税が課税されます。税金の額は利益額によって異なり、数百万円にもなることもあります。

この税金が発生することをすっかり忘れ、売却で得たお金を、次の住まいの購入資金や引っ越し費用などに当てて全て使い切ってしまうと、「貯金を切り崩して支払わなければならない！」という状況に陥ってしまいます。

定期的な収入が少ない70代で、貯金を切り崩すことは大きなリスクとなりますので、事前に税金の額を調べておくことが重要です。

また、利益が出た場合は確定申告が必要になるので、そちらも忘れないようにしましょう。

注意点③「年金の扱い」

前述した「保険料」と「税金」は支払う必要がある費用です。次に紹介するのは収入としての年金の注意点です。

「えっ？　もしかして、もらえる年金も少なくなるの？」と思われるかもしれませんが、ご安心ください。

不動産を売却しても、年金の額に影響が出ることはありません。年金受給に関しては不動産売却が影響を及ぼすことはないため、安心して売却していただけます。

注意点④「判断能力」

高齢者の不動産売却で度々トラブルになっているのがこの「判断能力」の問題です。これは、売却をする本人が不動産取引に必要な判断能力を持っているかどうかということを指します。

高齢者の方が「判断能力」を持っているかどうかは、「意思能力」という要素でチェックされます。意思能力とは、認知症などによって正しい判断ができなくなっていないかという指標です。

不動産の売却には、契約書の内容や不動産会社からの説明に含まれる法的な意味などを理解する必要があります。もし、認知症などでそれらの内容が理解できない場合は、正当な不動産取引として認められません。つまり、「意思能力が低い」と判断されると、不動産の売却ができなくなるのです。

したがって、70代で不動産売却を考えている場合は、自分が認知症になった場合に備えて、「家族信託」や「成年後見人制度」などの利用をあらかじめ検討しておきましょう。これにより適切なサポートを受けながら不動産売却手続きを進めることができます。

注意点⑤「親族への売却」

70代になると、自分の子供や孫に不動産を売却したいという願望が増えます。

この場合は、親族間の取引のため、不動産会社を間に挟まずに、当人同士で直接売買する「個人間売買」を希望される方が多いのです。

個人間売買のメリットは、不動産会社を介さずに直接取引できるため、仲介手数料が発生しないという点です。ただし、個人間売買では、買い手である子供や孫の住宅ローン審査が通りにくくなるデメリットがあります。

というのも、金融機関からすると70代の親から子への不動産売却は「相続のための税金対策」とみられるケースが多く、その警戒感から銀行が住宅ローンを組んでくれないことが多いのです。

そのため、もし、子供や孫へ不動産を譲りたいと考えているのであれば、売却ではなく、遺言での相続など、別の方法で受け継ぐことを、検討したほうが良いかもしれません。

それでも、「どうしても売却したい」という場合は、親族間であっても不動産会社に仲介を依頼し、売買契約書を作成して正式に売却するようにしてください。

その際、売却価格は極端に安くはならないように、市場相場の8割程度で設定することを心がけましょう。

そうすることで、相続対策と見られることを防ぐことができます。

❺不動産なぜ売れない？　ストレスMAX

もし、あなたが不動産を売りに出してもなかなか売れないとしたら、どんな気持ちになるでしょうか？

最初はすぐに売れると思っていたのに、実際に売りに出してみると「なかなか買い手が現れない！」ということがあります。

あなたの家が欲しいという人がすぐに現れるわけではないため、タイミングや条件が合わないと、すぐに売れません。たまたま欲しい人がいればすぐに売れることもありますが、それは稀なケースです。

具体的にいつ売れるのかはわからないため、売主は不安やストレスを感じることもあるのです。

それでは、売れないとどのような心境や精神状態になるのでしょうか?

不動産が売れない場合、売主は主に次の3つのストレスを感じることがあります。

①「売れないこと」への心配

いつになったら売れるのかという時間の不安です。

売れないと、その後の予定や計画が立てづらくなり、不安が募ります。特に住みながら、マイホームの売却を考えている場合は、「いつから次の住まいを探せばいいのか?」という心配が生じます。ですから、売れる時期がわからないということは、大きなストレス要因となるのです。

②「不動産会社」への疑念

売れないと、不動産会社が本当に売却活動をきちんと行っているのかと疑ってしまうことがあります。

例えば、反響が少なく内覧がない場合や、内覧はあったがその後の連絡がないといった場合、「こんな状態で売れるのだろうか？」と不動産会社に対して疑念を抱くことがあります。

「本当に適切な宣伝活動を行っているのか？」、「囲い込みされていないか？」など、さまざまな懸念が生じ、ストレスが溜まってしまうのです。

③「金銭的な負担」によるストレス

住宅ローンが残っている方は、売却中も毎月ローンを支払いながら進めることになるため、いつまで支払いが続くのか先が見えず、ストレスを感じることがあります。

すでに次の家を購入している場合や、賃貸住宅に移っている場合は、前の住宅ローンと現在の家賃の支払いが重なり、経済的な負担が増えてしまいます。

また、マンションの場合は、引っ越してから売却するまでの間も、管理費や修繕積立金の支払いが続くことになります。

これらの費用を支払い続けることは、売却前からわかっていたとしても、現実になると不満や不安が生じるものです。毎月の出費が続くと、永遠に続くかのように感じられ、恐怖を感じる方も多いのです。

これらのストレスを解消するには、自分自身だけで問題を考え込みすぎないことが大切です。

営業担当者に相談することはもちろんですが、ほかの人にも相談することで新たなアイデアや視点を得ることができるかもしれません。

次に「売れないストレス」を解消するための改善案ですが、まずは、あなたの「考え方」を見直してみましょう。

「いつになったら売れるの？」と考えてしまうと、ネガティブな気持ちになってしまいますが、実際に不動産が売れるまでには時間がかかります。

平均で6ヶ月ほどかかると言われており、状況によってはさらに時間がかかることもあります。ですから、不動産の売却には時間がかかることを覚悟しておくことが大切です。

そう考えると、たとえ1ヶ月や2カ月で売れなくても、焦る必要はないということがわかります。

そもそも、不動産は簡単には売れないものです。

例えば、新築マンションの場合、モデルルームを訪れた人のうち契約に至る割合を「歩留《ぶど》まり」と言いますが、一般的には10％が適正な数値とされています。

つまり、新築マンションでは10人の来場者に対して、1人しか契約しないという計算になるのです。このように、不動産を売ることは難しいものなのです。

とはいえ、売れないままでは困りますから、自分でもできることを探してみましょう。

例えば、片付けや掃除であれば取りかかりやすいでしょう。

一戸建ての場合、建物の外観が汚れていると印象が悪くなります。草が生い茂った庭や玄関周りに不用品が放置されていると、好ましく映りません。マンションも同様で、玄関周りが清潔でないと印象が悪くなるため、きちんと手入れしておきましょう。

部屋の中を整理整頓することも重要です。物が多すぎると部屋が狭く感じられますので、この機会に不要なものは整理して片付けることをオススメします。

また、内覧対応の見直しも大切です。

例えば、キレイなスリッパを用意したり、内覧前には換気して室温を快適に調整しておきましょう。

さらに、内覧に訪れた人に対して、あなたの家の魅力をわかりやすく伝えるため、事前に話す内容をまとめておきましょう。

日当たりや風通しの良さ、周辺環境や建物の特徴など、住んでいる人にしか気づかないようなポイントもスムーズに伝えることができます。

また、売れない時の改善策として、リフォームすることもありますが、費用がかかるため、もし、お部屋がそこまで傷んでいない場合、ホームステージングという方法を検討すると良いでしょう。これは、家をショールームのように装飾して魅力を最大限に引き出す手法です。

家が売れずにお悩みの方は、今回ご紹介した解決策を試して売却を成功させましょう。

あとがき

25歳でコンピュータプログラマーから住宅業界への挑戦を選び、それから30年。今、私は不動産・建築の世界で情熱を燃やしています。コロナ以前、私は数多くのセミナーを開催していました。しかし、コロナが私たちの生活を一変させ、私もSNSで情報発信を始めることとなりました。

不動産業界と言うと、何となく昔ながらのやり方で、新しい情報や技術を取り入れにくい、また、一部の悪質な業者による不正や詐欺がはびこっているというイメージを持つ方も少なくないでしょう。残念ながら、そのような負の側面は事実として存在します。

そして、私がYouTube「不動産売却チャンネル」を開始したのは、この業界の風通しを良くし、情報をオープンにすることで、多くの人々の生活をより良くしたい、という想いからでした。

あとがき

不動産の取引は一生のうちで数回、あるいは一度きり。だからこそ、安心して、そして正しい情報を持って取引を進めることができるように、そして取引を終えた後、笑顔でいられるような世界を私は夢見ています。

本書を手に取ってくださった皆さん、私の願いはただひとつ。皆さんが不動産売却を行う際、悩むことなく、納得のいく取引をして、その後の生活を豊かに過ごしていただくことです。

YouTubeは瞬時に情報を伝える媒体ですが、本という形式では、より詳しく、より深く、そして一つひとつのテーマに焦点を当てて情報を伝えることができます。

私がこの本を書くことを決意したのは、動画だけでは伝えきれない情報、また、読むことでより深く理解していただける内容をお伝えするためでした。

執筆には数多くの困難が伴いましたが、皆さんのために、そして業界のために、最良の内容をお届けしたいという想いで書き上げました。

私が一番伝えたいこと、それは「不動産売却は難しくありません」です。適切な情報があれば、安心して正しい決断をすることができます。この本を通じて、あなたが不動産売却を笑顔で終えられることを願っています。

最後に、本書の執筆にあたり、多大なるサポートをしてくださった多くの方々に心から感謝申し上げます。奥村編集長、秦洋一さん、山中千佳さん、古川久美さん、ひらまつたかおさん、そして我が社の野坂昌さん、皆様のご支援、ご協力なくしてこの本は完成しませんでした。

これからもＹｏｕＴｕｂｅやＳＮＳを通じて、情報発信を続けていく所存です。私の情報が、日本中の皆さんの不動産売却の成功に繋がることを心より願っています。

今、この瞬間も、不動産取引で迷っている方、不安を感じている方がいるかと思います。この本が、そんな方々の一助となり、笑顔あふれる成功を迎えられることを、心より祈念しています。

2023年9月

著者

YouTube
不動産売却チャンネル
家を売る前に見ておこう！
不動産売却チャンネル
不動産売却チャンネル(マンション・戸建)
@hudousanbaikyaku チャンネル登録者数 3.54万人 255 本の動画
【お問い合わせは公式LINEからどうぞ】
lin.ee/0jGfKgL
チャンネル登録
ホーム
動画
ショート
再生リスト
コミュニティ
チャンネル
このチャンネルでは
不動産の情報を
分かりやすく配信中！
【不動産売却】はじめてでも成功する秘訣を教えます！家を...
21,401 回視聴・1 年前
LINEで不動産売却を相談する(無料)
→https://lin.ee/0jGfKgL
不動産売却は金額が大きいため、失敗したくないから、どうやったら上手くいくのか悩んでしまいます。
そこで、今回は売却で失敗しないための、オススメの方法を解説します。...
詳細
人気の動画
すべて再生
親から子へ 名義変更すると 贈与税ヤバい
古い家は 解体 せずに売れ
実家を売るなら 相続◯に売れ 税金損する
不動産売却 騙された手口 公開します
そのまま住める リースバック やめとけ
解決 不動産 売却後の 確定申告
相続した実家 を売りたい！ どうなる？税金
注意 不動産売却には お金がかかる
不動産売却を頼むなら 大手 or 地元 どっち？
古い家は リフォーム せずに売れ
不動産の 相続税って いくら？
築年数が古くても 高く売れる家 4つの特徴

YouTube
【不動産売却チャンネル】

不動産売却の無料相談

【ワイズワンホーム】
公式ホームページ

著者プロフィール
山中 英紀（やまなか ひでき）

1968年生まれ。

株式会社ワイズワンホーム、株式会社ワイズテックの代表取締役。

宅地建物取引士と一級建築施工管理技士の資格を持ち、土地・建物、両方の専門知識をもとにクライアントへの丁寧なサポートで評判を得ている。

YouTube「不動産売却チャンネル」では、不動産売却に関する有益な情報を数多く発信し、人気ユーチューバーとして活躍。不動産売却アドバイザーとして、不安を抱える売主の方々をサポートしている。

「不動産業界の悪習を一掃し、誰もが安心して不動産取引ができる世の中にしたい」という信念のもと、不動産売却に関する疑問や不安を解消し、より良い取引環境の実現を目指して日々活動している。


【完全版《かんぜんばん》】損《そん》せず売《う》れる！　不動産売却《ふどうさんばいきゃく》パーフェクトガイド

2023年12月 8日　初版第1刷発行
2024年10月11日　第2刷
著　者　山中英紀
発行者　友村太郎
発行所　知道出版
〒101-0051 東京都千代田区神田神保町1-11-2
天下一第二ビル3F
TEL 03-5282-3185　FAX 03-5282-3186
https://chido.co.jp/
印　刷　ルナテック

ISBN978-4-88664-361-2